人生に必要なことは、電流爆破が教えてくれた

大仁田厚

徳間書店

Problem
FOR THE

BE AMBITIOUS
13
Give it all

yourself
Custom

ious
eve
yourself

嗚呼！　人生、電流爆破　〜まえがきにかえて〜

初めて「ノーロープ有刺鉄線電流爆破マッチ」が行われたのは、１９９０年8月4日。場所はレール・シティ汐留。旧国鉄がＪＲ新橋駅の海側に所有していた広大な空き地だ。旗揚げされたばかりのプロレス団体・ＦＭＷを率いる大仁田厚とターザン後藤による、この究極のデスマッチは、日本のプロレス界を大きく転換させることになる。

当時は、「明るく、楽しく、激しいプロレス」を掲げる全日本プロレスと、「ストロングスタイル」を打ち出した新日本プロレスに加えて、「真剣勝負、格闘技」にこだわるＵＷＦが社会的ブームを巻き起こしていた時期だった。そうした三つ巴《どもえ》のごとき１９９０年、その年の暮れに毎年発表される東京スポーツ新聞社が制定する「プロレス大賞」では3団体を抑えてＭＶＰは大仁田厚、ベストマッチも前述の大仁田VS後藤のノーロープ有刺鉄線電流爆破デスマッチが獲得した。

これによってＦＭＷは、「メジャー団体に所属していなくてもプロレスができる」ことを実証し、日本のプロレス業界にインディーズプロレスのブームを巻き起こすことになる。

あれから30年。大仁田は電流爆破とともに、全身に1500針を超える縫い傷をつくりながら、プロレス業界だけでなく、社会にも話題を振りまき、やがては参議院議員選挙に当選し、国会議員にまで成り上がった。一見、サクセスストーリーのようでもあるが、大仁田と電流爆破の軌跡は、ゼロ以下の局面から始まっていたのだ。

大仁田厚が左膝の粉砕骨折を原因として、最初にプロレス界を引退したのは、1985年、27歳のときだった。懸命にリハビリを重ねてきたが、プロレスラーとしての前途はないと判断したジャイアント馬場夫妻の勧告により、大仁田は引退を余儀なくされる。16歳でデビューしてから10年を超えてすぐのことだった。

大仁田にはプロレスしかなかった。引退はしたものの、学歴はこのとき中卒、左膝は曲がらない。そんな元プロレスラーに世間は厳しかった。

大仁田は中小企業で正社員になる道を考えるが、すべて面接で断られた。働き口は肉体労働のみになった。

その後、大仁田は左足を引き摺りながら、土木現場で単純な運搬作業に明け暮れる毎日を送ることになる。将来への夢どころか、明日への希望も当時の大仁田にはなかった。ただ生きるためだけにあがき、時は過ぎていく。「なんとかせねば……」と焦燥感に駆られているうちはまだいい。やがて、その生活に慣れてしまい、「生きていくためだから」と割り切るようになっていく。大仁田いわく「このころが人生のどん底時代だった」。

ある日、自分のダメさ加減に嫌気が差した大仁田は、再び履歴書を持ってスーツ姿で採用面接に挑んだが、落ちた。2行で終わる学歴がまたもや原因となった。まさかそこに「元NWAインターナショナル・ジュニアヘビー級チャンピオン」とは明記できない。

失意に沈む大仁田は、新宿駅のホームでふと夜空を見上げながら、

「やっぱり、俺には、プロレスしかないのかな……」

と考え始める。このふとした思いが再スタートのきっかけとなった。

しかし、一度引退を表明したプロレスラーを上げてくれるリングはなかなかない。全日本プロレスへの復帰は不可能だ。プロレスを離れて3年。爆弾を抱えた左膝は相変わらず曲がらないままで、本格的なトレーニングもままならない。活動資金もなく、同志となる仲間もいない。

それでも大仁田は「自分にはプロレスしかない」「全日本プロレス時代よりも、輝く存在になる」との思いを抑えきれなかった。

肉体の柔軟性には優れていたが、プロレスラーとしては決して大きな体ではない。左膝の粉砕骨折で引退した男のリング復帰は、誰もが無理だと思った。それを覆して復活をか

なえたのが、ＦＭＷであり、電流爆破だったのである。

ＦＭＷの旗揚げは１９８９年10月。「5万円で立ち上げた」というだけあり、資金はまったくない。記者会見場は近くのファミレスを使い、コーヒー代は取材に来た記者に自腹で払ってもらうくらいお金がなかった。あるのはアイデアだけ。

だが、そのアイデアを振り絞った結果、多様な格闘家、奇抜な試合形式、男女混合、怪奇派レスラーなどが入り混じったリングが生まれ、プロレス界に独自のポジションを築き上げることになる。その端緒が、冒頭の汐留でのノーロープ有刺鉄線電流爆破デスマッチだった。

大仁田はその後、7度の引退と復活を繰り返した。舌の根も乾かぬうちの前言撤回は、大仁田ファンからも反感を買うことはあったが、彼は今もリングに上がり、壮絶なデスマッチを繰り広げている。

出る杭は打たれるというが、今も昔も、大仁田はプロレスファンやマスコミから叩かれ続けてきた。大仁田をめぐる醜聞やバッシングの真偽は定かではないが、今も全身に刻まれた１５００針を超える傷痕に偽りはない。その生々しさを目にすれば、誰もが大仁田の歩んできた生き様の壮絶さを、リアルな痛みとともに感じることだろう。

還暦を超えてなお、電流爆破に挑み続ける大仁田。なぜそこまでリングに立ち続けようとするのか？　一言で言えば「貪欲」なのだ。自分にとっての面白さと、お客さん、社会が面白がってくれることに対して、非常に貪欲なのだ。

そのためならば、たとえ無様な姿になろうと曝《さら》け出してしまう。その貪欲さ、泥臭さは、小ぎれいになり過ぎた日本の男たちにとっては、眉をひそめるものかもしれない。

だが、「今の自分を変えたい」「もっと面白い人生を送りたい」と思っている人には、どんな啓蒙書よりも、わかりやすい意識改革へのヒントが大仁田の生き様には詰まっているはずだ。

夢を追い続けるというのは結構、格好悪いときもある。しかし、格好悪いことを恐れていては、自分自身の殻を破ることができない。圧倒的なパワーと存在感で、そのことを教えてくれるのが、大仁田が今日まで生きてきた電流爆破マッチとの30年なのであろう。まさに人生、電流爆破。そして、その歴史は明日からも続いていく。

２０２０年３月

原彬（取材・構成）

「UWFの前田に挑戦状出してこい」
青柳館長とのシャレにならないケンカ
「プロレスを汚してごめんなさい」

第2章 FMW、電流爆破の夜明け前——

プロレスを肯定するか、否定するか
「あんたのことは知らんが一生懸命さは買うよ」
ファンにリアルな痛みが伝わるプロレスを
電流爆破はNHKで誕生した

猪木は「大仁田とは絶対に絡むな」

電流爆破は長州にとって復帰の口実になった

長州のWJはなぜうまくいかなかったか

好き勝手に攻めて被爆を避けた長州

第4章 大仁田少年、全日本プロレスへ——

「人生1回きりじゃ」とオヤジは言った

家の敷地内にテントで家出をする

長崎県の全中学生が知る存在になった

歩きで日本一周の旅に出る

R.B.V GUARD
RealBvoice

取材・構成
原彬
デザイン
金井久幸
［TwoThree］
写真提供
大仁田屋
産経新聞社ビジュアルサービス

第1章 炎の稲妻からの流転

昭和のプロレスファンへの責任

１９７３年、大仁田厚は、ジャイアント馬場率いる全日本プロレスに「新弟子第一号」として入門、馬場の付き人を勤めた。馬場は、大仁田を養子にしようとするほど可愛がった。プロレスラーデビューは翌年４月。めきめきと頭角を現した大仁田は、海外遠征中の１９８２年３月、チャボ・ゲレロの持つＮＷＡインターナショナル・ジュニアヘビー級王座に挑戦し、見事奪取。決して器用さはないが、テリー・ファンク仕込みの無骨で荒々しく感情剥《む》き出しなファイティングスタイルは「炎の稲妻」と呼ばれ、馬場、ジャンボ鶴田、天龍源一郎に続く全日本第４の男として注目される。だが、１９８３年４月、ヘクター・ゲレロとの試合後、左膝蓋骨粉砕骨折。医師からは再起不能を宣告されてしまう。一度はリング復帰するものの、精彩を欠く試合ぶりに馬場夫妻が引退勧告。１９８５年１月後楽園ホールで引退式が行われ、元子夫人は大仁田を抱きしめて涙を流した。

――2020年8月で最初の電流爆破デスマッチから30年。全日本プロレスに所属していたのはそれ以前ですから、大仁田さんが、ＮＷＡインターナショナル・ジュニアヘビー級のベルトを巻いていた時代を知る人も、今や少なくなったんじゃないですか？

それが違うの。若い人はともかく、昭和のプロレスファンって長いんだよ。この間、越谷のジャイアント馬場さんに関するイベント（『みんなのプロレス展　世界の王道ジャイアント馬場』２０１９年11月）へ行ったら、親子連れが近づいてきて、お子さんのほうから「これ、お父さんなんです」って写真見せられたんだよ。そうしたら、お父さんが中学生くらいで、俺が17〜18歳のころに一緒に撮ったものでさ。「40年以上前の写真です」って。お父さんも俺も面影ゼロでね（笑）。でもずっと俺のことを気にかけてくれてたんだよ。馬場さんのファンだった人もそうだけど、昭和のプロレスファンって、50代とかになってても、ずっとプロレスを見ていてくれる人が多いんだ。最近のプロレスはあまりにもスマートになり過ぎて、「プ女子」だとか呼ばれる層も増えてるみたいだけど、そういう人たちって、いつまでも続くわけじゃないじゃん。でも昭和のプロレスファンは長い。俺らは、そういうファンをつくったプロレスをやっていたんだって改めて思った。そこで終わりじゃなくて、選手の生き様、人生そのものまで気に留めてくれるようなプロレスを。そのことは誇りに思っていいし、それに対する責任感もあるよね。

――今年52歳になる永田裕志選手と思われる人物は、高校1年生のとき、プロレス誌『ゴング』の読者投稿欄に「炎の稲妻大仁田選手へ」という手紙を送っていますからね。大仁田さんの引退が非常に残念だけれど、「もし、あなたのヒザが元通りに戻ったら、あなたの根性あるファイトを再び見てみたいものです。その時を夢見て　ｇｏｏｄ ｂｙ」と。

それ、ケンドー・カシンが言っていたけど、「千葉の東金の少年」の話って本当だったの？子供のころの永田選手が、俺の引退を惜しむ手紙を書いてくれたというのは。

――本当ですよ。その少年と元親友だったカシンさんは、「少年は大仁田さんが復帰したことで夢と希望を得て、プロレスのチャンピオンになったんですよ」と断言しています。そのくらいＮＷＡインターナショナル・ジュニアヘビー級チャンピオンだった時代の大仁田さんは輝いていて、東金の少年にＩＷＧＰヘビー級王座連続防衛記録まで樹立させたのだそうです。

タイガーマスクと大仁田を比べるな

そうなんだ。でも、あの当時、俺にとっては、ある種、悪夢の時代でもあったんだよ。

――悪夢？　なぜ？

なぜって、そのとき、タイガーマスクがいたんだよ。新日本に、同じジュニア階級のチャンピオンとしてね。だからもう、何をやっても比べられてさ。相手は佐山サトル、タイガーマスクだぜ。タイガーマスクは毎回リングの上で華麗に飛ぶのに、大仁田厚は、あんまり飛べなくて、ぼたっと落ちるんだよ。ぼた餅のように（笑）。見た目から、そういうところまで全部比べられて。一生懸命やっていても「なんだ、大仁田はダメだな」って、そういうのが、あちこちから耳に入ってくる。いや、本当につらかったよ。俺だって子供のころ、漫画とアニメのタイガーマスクで育ったんだよ。タイガーマスクを見て、涙流してんだから。そのキャラクターの人気や技のキレと俺を比較することが間違ってるじゃない。だって一時期のタイガーマスクって、猪木さんの人気を上回ってたんだからさ。そんなのと比較しちゃダメだって話だよ。

――そのタイガーマスクと大仁田さんは、30年以上が経過した後、リアルジャパンのリング上で再び対峙するのですから、運命の不思議さを感じますよね。

そうだね。ともに50代になっていた、30年後の再会だった。でも不思議な感じというのはなくて、プロレス業界のパイは小さくなったけど、それゆえに「いつか相まみえることがあるかもな」とは思ってたんだ。この世界は面白いから、何があるかわかんないじゃん。でもあいつ、ずいぶん太ってたな。あれじゃ、体悪くなるよ。今は試合してないんだろ？あんなに飛んだり跳ねたりしてたから、膝とか腰が悪いのかな。糖尿病とかは大丈夫なのかね？　甘い物が大好きだったらしいからね。タイガーマスクに会うことがあったら言っといてよ、「猪木さんから『チーズケーキ食うのダメだ』って言われてたけど、陰で食べてたんじゃないか？」って（笑）。

――当時、全日本プロレスのファン感謝デーで、ファンから「同じジュニア王者のタイガーと大仁田さんは、どちらが強いですか？」と聞かれた三沢光晴さんが「もちろん、タイガーマスクだよ！」とあっさり答えて、大仁田さんから怒られたと話していましたが。

覚えてないなあ。でも、もしそうなら、三沢ももう少し気を遣えよってことだよな。

——当時は新日本ブームというよりタイガーマスクブームで、新日本の黄金時代を築き上げていましたよね。

そうだよ。当時のタイガーマスクは天才レスラーって呼ばれていたんだから。そんな選手とジュニアのチャンピオンの時期がちょうど重なったのはつらいよ。俺には地獄が待ってたもん。抜け出せない蟻地獄だったよ……。

渕正信は空気を読まずに世を渡る

1982年3月にノースカロライナ州のシャーロッテでチャボ・ゲレロからNWAジュニアのベルト獲って、そのあとも一生懸命やったんだけど、やっぱり、何かやればやるほど、ドツボにはまったんだよね。実は俺がチャボに挑戦したときって、馬場さんが「渕（正信）と大仁田、どっちがいい？」ってドリー・ファンク・ジュニアとテリー・ファンクに聞いたらしいんだよ。それでドリーは「渕だ」って言ったけど、テリーが「大仁田がいい」って。そのとき馬場さんはテリーの意見を取ったんだ。

——詳しい人によると、それは大仁田さんのほうが「客を惹きつける力があったから」だそうですね。

そうじゃなくてさ、馬場さん、渕さんより俺のことが好きだったからじゃない？（笑）。渕さんって変わってて、なんか面白かったもんね。俺、馬場さんの付き人をしてたから、「今夜、どこに食べに行きますか？」ということがよくあるわけ。そうしたら札幌で、「おう、大仁田、寿司食いにいくぞー、渕も呼んでこい」って言うんだ。それで「おっさん、馬場さんが呼んでるよ」って渕さんに声をかけて、馬場さんと3人で、贔屓《ひいき》にしている有名な寿司屋に行くことになったわけ。そこの寿司屋に着くと、何も言わなくても最初にトロ16貫、イクラ16貫、ウニ16貫が並ぶの。

――16文だから16貫？

そう。それで馬場さん、「おい、おまえら、好きなもん食べろ」って言ってくれるんだ。でも、馬場さんの16貫が揃わないと俺は食べられない。揃っても、高いものなんか頼めないよ。俺は付き人を何年もやっていたから、空気を読んで、馬場さんが食べているものよりワンランク下のものを頼むわけ。わかるだろ？　そういう気遣いってあるじゃん。なのに渕さん、「好きなもん食べろ」って言われたら、イクラだ、大トロだ、ウニだとか、高いのばっか頼むわけ（笑）。馬場さんは稼いでるから、お金のことは関係ないんだけどさ、上下の差ってあるじゃない。だから普通、馬場さんと同じものを、平気な顔して注文できないよ。でも渕さんは、そういうことにまったく気が回らない。それで「こりゃ、美味いな」とか勝手にやってる。案の定、ホテルに帰ったら、馬場さんが俺に一言、「おい、もう、渕は二度と連れてくんな」って（笑）。今もそうらしいけど、空気が読めないんだよ、本当に。あの人、いい加減だから。でも、なぜか変なとこにはこだわるんだ。

――変なとこって、女性に関してですか？

違う違う。アメリカで一緒に修行していたときの話なんだけど、同じアパートで生活してたんだよ、俺と渕さんで。それで「俺らはやっぱり洋食よりオリエンタルフードがいいな」って、2人して米炊いたり野菜炒めたり、カレー作ったりしてたわけ。それで、渕さんがモヤシとかを買ってくると、俺がそれで料理作ったりしてたの。そうしたら、ある日、朝の5時ごろに突然、ドンドンと部屋のドアを渕さんが叩いてるんだ。「おっさん、何だよ？こんな朝早くから」って言ったら、「大仁田君、モヤシ、ちゃんと考えながら使ってくれよ！」って怒ってるんだよ。

――え？　どういう意味なんですか？

だから、モヤシをラーメンとかに適当に入れるんじゃないってことでさ。つかんで、ばっと丼の中に入れるわけじゃん。渕さんの「それ、考えて使ってくれよ」ってのは、ラーメンの中のモヤシしが多すぎるって怒ってるんだよ（笑）。真面目な顔をして。

――「もやしは、慎重に扱ってくれ」と？

何なのかはよくわかんないけどさ。でも、モヤシを考えながら使う奴なんてどこにいるんだよって。しかも朝５時にだぜ。

――それが気になって、眠れなかったんですかね。

そんなことでおっさん、朝５時に起こすんだよ。びっくりするよな。あの人、だいたいいい加減なのに、そんなことだけは気になっちゃうんだから（笑）。

――つまり、馬場さんとの寿司はタダたがら、いくらでも高いのを食べていいけど、モヤシは自分が買ったものだから測って食べろと。

そういうことなんだろうね。アメリカではそんなこんなでさ、俺がノースカロライナでチャボに挑戦することになったんだ。それで勝って、悪夢の時代を迎え、ヘクター・ゲレロとの試合の終了後、左膝蓋骨粉砕骨折をして、医師からは再起不能を宣告されたわけなんだからさ。

――すると、渕さんが空気を読める人で、イクラだ、大トロだ、ウニだとか頼まないで、大仁田さんよりも馬場さんに好かれていたら、ドリーのアドバイスで、渕さんがチャボに挑戦して、大仁田さんの悪夢の時代も、左膝の骨折もなかったわけですね。

それはありえるね。

――最初の膝の大ケガがあって、全日本プロレスで引退を余儀なくされたことが電流爆破デスマッチを誕生させたわけですから、電流爆破のきっかけをつくったのは、間接的には渕さんだとも言えますね。

そうは思いたくないけど、理屈的には合ってる（笑）。

大仁田VS武藤の人工関節兄弟

確かに、馬場さんの下でずっとプロレスを続けていたら、全身１５００針も縫うことなんかなかったよ。本当に追い詰められていなかったら、有刺鉄線電流爆破デスマッチなんてやらないって。怖いし、痛いし。当たったら皮膚がスパッと切れちゃうんだからさ。だから、長州（力）なんか1回も被爆しなかったし、蝶野（正洋）なんか、防弾チョッキみたいなのを着てリングに上がったんだよ。その覚悟がないんだからさ。結局、電流爆破デスマッチって、その人の器量が試されるんだ。ボブ・サップなんか、「そんなに逃げなくてもいいだろう」ってくらいリングの外まで逃げていたからね。怖がって電流からずっと遠くに離れててさ。電流爆破デスマッチって、その選手の器が見えるんだよ。だから天龍さん、髙山（善廣）さん、AKEBONO（曙）さんなんかは、堂々と爆破されてるから尊敬できる。

――全日本での引退の原因になった左膝は、ヘクター・ゲレロ戦の前から悪かったんですか？

元々は悪くなかったの。でもヘクターとの試合の何カ月か前に、試合でトペをやったらスカされて、場外の床にダイレクトにぶつけたことがあって、それ以来、あんまり調子よくないなと思ってたんだよ。それで、ヘクターと東京体育館でタイトル戦やって勝ったあと、リングから飛び降りたら、着地したときに足を滑らせちゃって、左膝を床に打ち付けたらバキッと音がしてね。全体重が左膝にかかって、左膝蓋骨粉砕骨折。皿が粉砕しちゃったの。5つに割れて、それを釘とコイルで固めたんだ。そのまま膝が曲がらないから、何年かしたあと、それを抜こうとしたんだけど、抜けなくて。そのまま入ったきりだったものを、去年、両ヒザの人工関節置換手術で抜いてもらったんだよ。

——手術後、何度もリングに上がられていますが、膝の調子はいかがですか?

普通に歩けるようになったから、手術する前よりはずっとよくなってる。ただ、右膝は動かすと、ときおり痛みを感じるかな。人工関節は、武藤敬司がやったのと同じ手術をしたわけなんだけど、不安とかはまったくなかった。医者も「これ以上、悪くはならないだろう」って言ってたし。あ、そうだ、武藤とは同じ手術をした者同士だから、大仁田VS武藤っていう人工関節兄弟対決ってどうかな。人工関節爆破マッチとかって。そんなとこを爆破しちゃダメだけどさ(笑)。まあ、それで関節自体を人工にしたから、昔入れてた針金とかをきれいに取ったんだよ。必要なくなったからね。取った針金は俺にくれないのかなと思ったんだけど、くれなかった。俺、それにお世話になったというか、苦しめられたというか、いろんな感情があったから。

――除去までのかれこれ35年、大仁田さんの体内に入っていたんですからね。

結局、ヘクターとの試合後のケガから復帰までは、丸1年かかった。また前座から始まってさ。でも試合しながら、「この膝じゃ、復帰しても無理かな」「もう辞めるしかないな」って思ってたところもあったね。当時はニーパッドが買えなくて、保護するためにすごく強力なゴムか何かで膝を縛って試合をしていたんだけど、膝は曲がんないし、固まったままだからまともに動けなくて、プロレスになんないの。あのころの俺は全日本でも中堅だったから、興行の流れの中でヘタな試合は見せられないじゃん。そこへ、引退を賭けたマイティ井上さんの試合が組まれることになって、負けて引退式ですよ。

――当時の全日本は、１試合いくらの単位でギャラが支払われていたそうですが、復帰までの欠場中の１年間、給料は出ていたんですか？

そんなの出ないよ。医療費は出たけど、あとは出なかった。試合中のケガだから、普通のサラリーマンからすれば労災かもしれないけど、月々の給料も出なかったね。今考えると、当時の俺って、どうやって食ってたのか不思議でしょうがない。貯金もなかったし。合宿所は卒業していたけど、おふくろとか友達の家を転々としてたから、家賃はかからなかったかな。左膝を引きずりながら、現場作業員とかをやっていた記憶もあるけど、何をやってたんだろう、あの1年間。思い出そうとしてもわからないなあ。まあ、俺にとっては空白の1年間、人生の空白だね。

――でも馬場さんは、付き人だった大仁田さんをとても可愛がり、本気で馬場家との養子縁組を考えていたそうですね。元子さんも引退式で泣きながら大仁田さんを抱きしめていましたけど、金銭的なサポートはなかったんですか？

そのへんは、馬場さんも元子さんもシビアだったんじゃないかな。働かざる者食うべからずということで。いや、ますます不思議に思うんだけど、俺どうやって復帰までの1年間食ってたのかな？　本音を言えば引退なんかしたくなかったよ。でもプロレスって、華々しくやらないとつまらないし、ダラダラ続けててもしょうがないじゃん。だから自分の中で、ダラダラとしかやれない自分に限界を感じてはいたんだ。結局、馬場さんと話し合って、後楽園ホールでマイティ井上さんとの試合で「負けたら引退」みたいな形になって、それで負けて、俺の引退が決まった。元子さんが大泣きしてくれたって言うけど、泣いてたっていうか……、泣いてくれてたんじゃないかな。それから後楽園で引退式をやってもらって、馬場さんからリング上で餞別の金一封を頂いてさ。あとで確認したら、ちゃんと30万円包んであって、ホッとしたんだ。

――ちゃんと、とは？

あのころって、バトルロイヤルで優勝するとリング上で金一封が渡されたんだよ。俺もその金一封が欲しくて、一生懸命試合したの。第一試合やって、直後の第二試合のバトルロイヤルにも出て頑張って優勝したら、みんなから派手に胴上げされたあと、落っことされるんだよ（笑）。それ、結構痛かったんだけど、まあ優勝して分厚い金一封をもらったからいいかって思って。喜んで控室に戻って、いくら入っているのかなと思って開けてみたらさ、新聞紙の束が出てきた。長方形に切った新聞紙が詰め込んであったんだよ！「なんだよ、これ！」って驚いてたら、みんなニヤニヤしてたからね。優勝して胴上げやられて落とされて、新聞紙ってどういうことなんだよ！（笑）。あれ以来、プロレスの賞金は信じられなくなったね。世界最強タッグで優勝すると、パネルに1000万円とかって書いたプレートを渡されるんだけど、あれも新聞紙と一緒じゃないかって思ってた。馬場さんから金一封もらったときも「まさか」とは思ったけど、だから、ちゃんと30万円入っていたのでホッとしたってわけよ。

新宿駅のホームのベンチと缶コーヒー

——引退したあと、何をするかは決まっていたんですか？

そんなのまったくないですよ。体の中に大きな穴が開いてしまって、後楽園の地下の駐車場で「まいったなぁ」とぼんやりしながら「次、何やろうかな」っていう、そんな思いばっかりだったのを覚えてる。まだ27歳ぐらいじゃないかな、あのときって。16歳でデビューしてから10年経ってて、その歳になってもプロレスしか知らなかったんだからね。

——そのとき、「いつかはもう1回リングに上がりたい」という気持ちはありました？

気持ちはあったよ。ただ、自分の中で萎えてはいたね。プロレスへの情熱って言われても、あの膝では情熱自体も出てこなかった。プロレスができなくなったから、自分でも納得して引退したんだからね。引退したあとって、どこかまた別の生き場所を探していたんじゃないかな。生き場所、つまり新しい職場だよね。でも、見つからないんだよ、なかなかね。だって、中学を出て子供のころからプロレスしかやってないんだから、見つかるわけがないよ。芸能界で活動しようと思って知り合いに頼んで、「11ＰＭ」（日本テレビ系の深夜番組）に出演したり、ドラマに出させてもらったりもしたけど、プロレスでの知名度なんて芸能界では通じないからね。芸能の仕事なんかすぐなくなった。

だから地道に、自分で人生を一からやり直したんだ。電話会社の代理店やクラブの従業員とか、不動産業とか、まあ、いろいろやった。宅配便屋もやったし、親戚が稲城で土建屋をやってたからそこで現場作業員をやらせてもらったりもした。すべて肉体労働だったなあ。４トントラックの運転をしてゴミ捨てに行ったり、穴掘ったり、いろんなことをしてたよ。

――大仁田さんが全日本を辞めて大変な思いをしているときに、馬場夫妻からは「元気でやってる?」とか、そういう言葉はなかったんですか?

なかったんじゃないかな。引退した選手に対しては、もう「去った人間だ」って感じになっちゃうんじゃないの。だけど、馬場さんもしょうがないじゃん。トップに立つ人間はさ、いちいち引退した選手に気を遣ったり面倒見たりしていたら、金が減るだけだよ。金を残す人間っていうのは、そういうことは気にしないんだよ。でもさ、あのころの俺は仕事っていってもアルバイトしかなかったから、毎日工事現場とかで働くしかなかったんだ。他に行く当てないから、いつも「俺の人生、この先どうなるんだろう」と不安で仕方なかったよ。でも、ある日突然、一念発起したの。「今のままじゃダメだ、ちゃんと就職しよう、正社員になろう」って。それで履歴書作って、ちっちゃな普通の会社に就職の面接とかにも行ったんだよ。たしか新宿だった。冬だったな。寒い中、3000円でコート買ってさ、安物のスーツ着て、汚ないネクタイ結んで面接に行ったの。でも落ちた。そのあと、何社も受けて全部落ちまくったよ。

――なぜ採用されなかったんでしょうね?

学歴だったと思うよ。中卒を使う会社ってほとんどなかったもん。試験を受けた会社っていうのは、事務仕事とかもある会社だったし。他にも怪しいところも受けたけど落ちたね。皿洗いとかしながら面接を受け続けて、全部落ちた。あれ以降、常に学歴コンプレックスがあったね。40歳で高校に行ったりしたのって、それがあったからだと思うよ。履歴書を書いてもさ、２行ぐらいしか埋まらない。小学校と中学校で終わっちゃうっていう。自分の中でも「さすがにこれは厳しいかもな」って思ったよ。それでもめげずに何社か履歴書を持っていくんだけど、どこも受け付けてくれないんだ。それが後々の高校・大学進学にもつながっていくんだけど。

――そういうふうに現場仕事や面接なんかしていると、「あれっ、プロレスの大仁田さんじゃないですか」とか言われなかったんですか？

いや、言われなかった。１回だけプロレスファンの人が、子供からサイン色紙を預かったみたいで、俺に「元ＮＷＡインターナショナル・ジュニアヘビー級チャンピオン　大仁田厚」って書いてほしいと言われたことがあってね。それ書いたら、急に思ったんだよ。もうプロレスには戻らないと決めてたのに、「プロレスのチャンピオンだったんだぞ」と書いてしまった自分が許せなくなってね……。職探しで何社も回ってことごとく落ちるわけだよ。ことごとく落ちても「今回こそは」と思って、気持ち奮い立たせて面接に行って、また落ちて……。

そんなある日の夕方だったたな。新宿駅のホームで一番端のベンチに座りながら、缶コーヒーを飲んでいたら、惨めで情けない気持ちになってきてね。「俺の人生、もう終わりかな」と思ったんだ。そうしたらサイン色紙のこととか、ガーッと思い出してきて。プロレスへの抑えていた感情が込み上げてきたの。「やっぱり俺、プロレスしかないな」って。まあ、そのへんからだね、自分に火が付いたのは。何でもきっかけなんだよ。人間ってきっかけがないと動かない。あのとき、得られるものもなかったけど、失うものもなかったわけでさ。それで「もう終わりだ」なんて言っている場合じゃないじゃん。それで缶コーヒー飲みながら決断したんだよ、「俺のいるべき場所は、リングだ」って。

——新宿駅のホームで人生が変わったわけですね。

そう。駅のホームって何か切ない気持ちになれていいんだよ。ああいうときは自分を徹底的に切なくしたほうがいい。そのほうが、そこから蘇るパワーが出てくるんだ。ＦＭＷ

を立ち上げたあとも、また新宿駅のホームだったんだけどさ、スタッフとホームのベンチに座ってよく打ち合わせしてたよ。もっとも、あのころは喫茶店のコーヒー代さえなかったからホームのベンチだったんだけど。俺の人生、駅のホームが重宝してるんだよ。

ジャパン女子と男子禁制の世界で

――プロレス復帰を決意したあと、当時の大仁田さんと同じ八王子に住んでいた、旗揚げしたばかりのジャパン女子プロレスの社長さんとの縁で、女子プロレスラーのコーチの依頼があったわけですよね。

１９８８年の秋か冬ぐらいに、グラン浜田さんから連絡が来て、ジャパン女子プロレスのコーチに誘われたの。あのころのジャパン女子は、新間（寿）さんも仕切っていて、浜田さんがコーチとレフェリー、営業にはサンボ浅子（浅子文晴）もいた。選手の中では、小さかったけど（コマンド・）ボリショイの身体能力が一番すごかったね。俺は真面目にプロレスの基本を教えようとしたんだ。でもはっきり言って、彼女たちは俺たちから教えてもらうこと自体に反発していたからね。自分たちの縄張りに男が入ってきたことが気に食わなかったんだろうな。

——でも大仁田さん、キューティー鈴木さんたちとフィリピンに行って、一緒にイメージビデオ『ジャンピングinエルニド』（1989年・パワースポーツ発行）を撮っていましたよね。キューティーさんと大仁田さんが砂浜で特訓する映像とかが収録されていました。

行ったね。あのころのキューティーは人気沸騰してたから、もう天狗だったよね。とにかく女子レスラーはみんな人の話聞かなくてさ、ロクなもんじゃなかったよ（笑）。女同士のカップルとかも多かったし。男子禁制だからそうなっちゃうのかもな。だから俺が誰かを厳しく指導すると、そのパートナーが怒ったりするから面倒でさ。女同士って一度喧嘩すると、それまで仲が良かったぶんだけ激しく憎しみ合うんだよ。それで団体が分裂するなんてこともあったらしいね。

——そうこうしているうちに、ジャパン女子が経営難となって、男子レスラーの試合も組み入れようということになったんですよね。

そう。新間さんが仕掛け人だよ。俺も女子に教えているうちに試合がしたくなってきたからさ、「浜田さん、やりませんか？」と誘ってみたらOKしてくれて。それを知った新間さんはウケると思ったんだろうな、「客が集まってくるような因縁を何か作れ」ってなった。こっちとしては思いがけず、4年ぶりのリング復帰になったんだけど、女子選手からは猛反発だったよ。でも新間さんはおかまいなしなんだ。何しろ「客を呼べればいい」って思っている人だから（笑）。それで金の臭いがなくなったら、もういなくなっちゃうんだよね。

――新間さんは新日本時代から仲がよかった浜田さんの協力を得て、ジャパン女子をあらゆる格闘技を融合した男女混合団体にしようとしていたと聞いたことがあります。

そうだったね。でも、リングに上がったら選手とファンが猛反発して、試合中の怒号がすごかったよ。「女子のリングを汚すな！」って。今だと別に普通のことだけど、当時は女子プロのリングに男子が上がるのは画期的なことというか、あっちゃいけないことだったんで、観客からは大ブーイングの嵐だよ。女子選手からも総スカン食らって、それで俺はジャパン女子に居場所がなくなったんだ。

——当時の記録によると、こうあります。デビル雅美&村光代（現・ボンバー光）VS神取しのぶ（現・神取忍）&ソチ浜田戦で、デビルに反則負けを宣言した浜田に対し、デビルのセコンドに付いていた大仁田が食ってかかったことによって1988年12月3日、ジャパン女子のメインで大仁田厚VSグラン浜田が実現。浜田が大仁田に勝利するが、会場は女子プロレスのメインイベントを乗っ取った男子の試合に反発するファンの罵声と怒号で埋め尽くされ、ジャパン女子選手の反発で、大仁田、浜田、新間は、団体を去った——と。

そうなんだよ。経営難でやらせたくせに、みんなから「出ていけ」とか言われて、それでコーチの仕事がなくなったんだから。でも久しぶりにプロレスのリングに上がったら、ブーイングを浴びながらも、「俺はこれがやりたかったんだ」って熱くなったのは事実だよ。就職試験に落ち続けて「俺の人生、もう終わりかな」と思っていた自分が、改めて「俺のいるべき場所はリングだ」って実感したんだ。俺の人生、プロレスしかないなって。でも、プロレスやりたいって言っても、全日本に戻ることはできなかったから、それで新間さんと行動を共にしたんだよ。そのころのプロレス界は相撲界と一緒で、引退宣言したあとで

「何々部屋に戻ります」とか言っても、それは無理だったの。当時の引退っていうものは本当に引退であって、復帰するのはタブーだったんだ。引退は本当の引退なんだよ。それを繰り返してしまったバカ者が、まあ、俺なんですけど（笑）。

「ＵＷＦの前田に挑戦状出してこい」

――新間さんはかつて新日本プロレスで営業本部長、猪木さんの懐刀役を務め、「過激なプロレスの仕掛人」と呼ばれた人物。その新間さんが、大仁田さんのレスラー復帰の功労者だったということでもありますね。

そうそう。全部新間さんだよ。新間さん、浜田さんも俺と同じようにジャパン女子を追い出されたから、その後、新間さんのアイデアで、ＵＷＦに対抗する新団体「格闘技連合」の結成とかを一緒にやりだしたんだよ。新間さんは空手の士道館とかとパイプがあったから、それで「格闘技連合だ」ってことになったんだろうね。俺をＵＷＦの会場に行かせたのも新間さんだったな。ジャパン女子のリングに上がったのと同じ12月に、新間さんから往復の交通費を渡されてさ、「UWFの前田日明に挑戦状を渡してこい」って言われたの。UWFと格闘技連合の対立図式を作るというより、単なるウケ狙いだよ。俺が暇でウロウロしていたから「行ってこい」ってなったんだ。青柳（政司）館長とは違うけど、「大阪で有名な空手道場の道場主が大阪府立体育館の前で待っているから、そいつとふたりして殴り込んでこい」って言われてね。新間さんの考え方は「誰か今、光っているやつを攻めて、それで自分たちも光ろう」っていうやり方だから。俺も一応、先方に誠意を示すためにきちんとスーツ着て大阪に行ったの。言われたとおり体育館に行ったら、本当に空手家がいたんだけどさ、その人、「今日はちょっと用事ができちゃったんで……」って帰っちゃったんだよ。

――殴り込みよりも大事な用事ができちゃったんですね。

もういい加減でさぁ。新間さんに関わると、そんなことばっかなんだ（笑）。しょうがないから俺一人でUWFの会場に入っていったら、社長の神（新二）が来て「チケット持っていますか？」って言いやがってさ。端からバカにしてるの。

――プロレスの専門誌でも「ＵＷＦが大仁田を門前払い」と大きく取り上げていましたが、その仕掛人も新聞さんだったんですね。

それで、なけなしの金でチケット買って、選手の控室まで行ったんだけど、鍵が閉まってる。しょうがないから試合を見ようと思ってドアを開けてみたら、会場には観客がすごく入ってるんだよ。「これはすごいな」と思って。で、そこのリングでプロレスとは全然違うものを見たんだよ。俺らがやっていたのとは全然違うものを。それを見たときに「プロレスって、こういうのもアリなんだ！」って気づかされた。その衝撃があって、ＦＭＷという対極なものが生まれたんだと思うね。

――ルールを厳正に守った格闘プロレスに対して、ルールに縛られない、何でもありのプロレスが生まれたということですね。大仁田さんから見てＵＷＦの試合は、「これのどこが面白いんだろう？」というふうには映らなかったんですか？

俺は「これはアマチュアの延長線上だ」と感じてた。その純粋性が面白いんだろうって。俺はプロレスが最強だとか、そんなこと思ったことはないんですよ。プロレスの面白さっていうのは、いろんな部分、いろんな要素があって、強いから人気が出るとかじゃないわけでしょ？　プロスポーツって何でもそうじゃん。相撲だって、最近だと炎鵬っていう小さな力士なんか最高に面白いよね。だからUWFを見てから、さらに火が付いた感じだったな。「プロレスって、こういうのもアリなんだ」というUWFを見て思ったことと、あとは神の一言だね。「チケット持っていますか？」っていう。やっぱり、俺もさ、いくら腐ってもプライドっていうもんがあるから、そこをいじられたら腹立つじゃん。そういったものが爆発して、自分で団体を作ろうという思いが出てきたんだよ。その日からはアルバイトしながらも、選手を確保したりして、虎視眈々と旗揚げの時期を待っていた感じだったね。あのころは剛竜馬がFMWより半年早くインディペンデント団体・パイオニア戦志を設立したりして、追い風が吹いてきた感じもあったんだ。

青柳館長とのシャレにならないケンカ

――1989年に入ると、4月にパイオニア戦志旗揚げ戦で大仁田さんは剛竜馬と対戦しています。同じ年の7月2日「格闘技の祭典」のメインにも登場して、同月28日にはFM

W設立会見、10月の旗揚げ戦と一気に加速しました。

格闘技の祭典は、梶原一騎さんの弟の真樹（日佐夫）さんが仕掛けたんだ。世界空手道連盟といって真樹さんが選手をブッキングして、俺は誠心会館の青柳政司館長と異種格闘技戦をやることになった。真樹さんは試合について「何してもいいよ」って言うから、俺、青柳館長をブッ叩いたの。そうしたら大流血して、それを見た館長のセコンドだった空手軍団、佐竹（雅昭）、松永光弘とかが殺気立ってね、俺のセコンドをボコボコ蹴ってるわけよ。向こうは大勢だけど、こっちは3人しかいないんだぜ。今、市会議員もやってるスペル・デルフィン、邪道、外道しかいなかったんだから。その3人に本気の蹴りとか、拳を入れてるんだからシャレにならなかったな。プロレスとか、そういうことがまったく関係なしに、ただ怒りまくって本当の喧嘩になっちゃって。俺は知らんふりして見てたけど、会場は異常に盛り上がっていたから、「プロレスと空手、これは使えるな」って思ったんだよね。

――青柳政司は誠心会館館長で実戦空手は5段の実績を持ち、22歳で極真会館オープントーナメントに初出場し、ベスト16へ進出。その後も正道会館、士道館の大会で好成績を残し、23歳の若さで自身の空手道場・誠心会館を設立。極真会館主催のトーナメントにも出場していた。「格闘技の祭典」は、梶原一騎氏の追悼興行でもあったことから、空手のトーナメントとプロレスが並行して行われ、青柳VS大仁田の試合は両方のファンが入り乱れ、両者のセコンドも大興奮状態の中で開始された。試合は凄惨《せいさん》なケンカマッチとなった。青柳が強烈なハイキック、ヒジ打ち、ヒザ蹴りを繰り出すのに対し、大仁田はプロレス技で迎え撃ち、ヘッドバットの連発で青柳の額から流血させた。両軍のセコンドがリング内に飛び込み、大乱闘に発展。試合は急きょ中止され、裁定は「青柳が出血多量のためノーコンテスト」と発表されたが、この判定に納得の行かない空手ファンがエキサイトしたためか、「大仁田が顔面に頭突きをしたため反則負け」の裁定に変更となった。

——FMWの旗揚げ会見で大仁田VS青柳の再戦が発表されたとき、新間さん、元ジャパンプロレスの大塚直樹さんとともに格闘技連合の藤平和雄さんを顧問とすることが表明されたのは、FMWを格闘技連合の一環として、格闘技色の強い団体にしていこうという方針があったのですか?

いや、それは違うよ。格闘技連合なんてあってないようなものだったからさ。新間さんのアイデアだったけど、選手は誰がいるんだよっていう話でね。だって新間さんと浜田さんと俺しかいなかったんだから。それで格闘技連合じゃなく、新団体の名前は『ゴング』の竹内宏介社長（当時）のアイデアで「フロンティア・マーシャルアーツ・レスリング（FMW）」になったの。新しいことを開拓していく団体なら「フロンティア」を入れたほうがいいってことで。

――当時の記事によると、旗揚げ記者会見では社長として大迫義昭氏が紹介され、そこに青柳が乱入。暴行を受けた大仁田は頭部にケガを負う。結果、方向性の違いにより新間と浜田は分裂。旗揚げ戦に出場予定だった浅井嘉浩（ウルティモ・ドラゴン）の初来日はキャンセル。ユニバーサル・レスリング連盟の設立、参戦へとつながった――とあります。

新間さんって面白い発想をする人だったけど、適当なんだよ。それに、ものにならないと思ったら、さっと引き上げちゃう。「営業は大塚が頑張ってくれるから」って言ってたけど、記者会見しただけで誰も事務所に来やしない。ぶち上げるのはぶち上げるんだけど、そのときだけなんだよ。あとは誰もいないんだから、結局、俺一人だったよ。よく言われてる、FMWは5万円の手持ちの金から始まって旗揚げ会見にこぎつけたころには誰もいなくなっていたって話。金の臭いがしなくなったんだろうね。そこから徐々に選手やスタッフを募集したら、ハヤブサが来たり、全日本を辞めた高橋（英樹）部長が来たりして、一人ずつ集まってきた。本当にたまたまだよ。転がってうまく行く団体もあれば、転がってもそのまま自然消滅しちゃった団体だってたくさんある。そこでのたまたまって要素は大きいよ。

「プロレスを汚してごめんなさい」

――9月15日に新人オーディションを行い、市原昭仁（フライングキッド市原）選手、土屋恵理子（シャーク土屋）選手、前泊美佳（クラッシャー前泊）選手、里美和選手らが入団。同時期に全日本を引退した栗栖正伸選手、ターザン後藤選手の参戦も決まったわけですね。

それと邪道、外道とデルフィンね。ターザン後藤はアメリカにいたんだけど、俺を支えてくれて目玉になる選手が必要だったから、「帰ってきてくれないか」って頼んだの。後藤は、海外修行中にアメリカ人女子プロレスラーのデスピナ・マンタガスと現地で結婚したことで、馬場さんの逆鱗《げきりん》に触れちゃってね。ずっと全日本から帰国要請がなくて、アメリカでも仕事がないから、向こうのレストラン「紅花」とかで皿洗いとかしてたんだよ。そういえば九州のステーキハウスで「後藤さんと一緒にアメリカのレストランで働いていたんです」という人とも会ったことがあったな。

レスラーの海外修行って、ハク付けに行くようなものなんだ。今は団体が保証というか、日当とか出してくれるけど、昔は行かせたきりでケアなんかなくてさ。野垂《のた》れ死にしたらそれまで、みたいな感じ。だからみんな、食っていくために現地でアルバイトしてたよ。ペンキ屋やったり、芝刈りやったりして。当時の後藤は一応、全日本所属だったから、帰国したらすぐ馬場さんのところに行って、ＯＫもらってこいって言ったの。ＦＭＷに出させてほしいって言ったら、知らないけど馬場さんから「いいよ」と言ってもらえたって言うから使ったの。狭い業界だから、そういうところはちゃんと筋通さないとね。

――栗栖正伸さんを復活させたというのは、どんな狙いだったんですか？

俺、ジプシー・ジョーのこともいいプロレスラーだと思ってたから、ジプシー・ジョーみたいな扱いにすれば、面白いかなあって思ったんだよ。あの人、プロレスなんかしないもん。椅子で殴ってるだけだから（笑）。でも、それでブレイクしちゃったわけじゃん。新日本時代は全然だったけど、結局、ＦＭＷではブレイクできた。でも後楽園ホールの高い椅子を何脚も壊しちゃってさ、途中で辞めてもらったんだよな。後楽園の椅子って一脚、結構するんだよ。「椅子壊すと〇〇円です」って書いてあるのに、それを片っ端からブッ壊していったんだからね。でも、ターザン後藤と組んでやった桜田（一男。当時ドラゴン・マスター）・栗栖組のストリートファイトは面白かったね（１９９０年４月）。めちゃくちゃだもん。桜田さん、ボッコンボッコン殴ってくるんだから。今ってそういうプロレスは見ないよね。

――露橋スポーツセンターでの旗揚げ戦は青柳館長の地元開催でしたけど、出場選手で世間の人が知っているレスラーは大仁田さんくらいしかいなかったのに、満員に埋まったんですよね。

いや、俺のことだって世間は知らなかったですよ。そのころは全然売れてなかったから。

露橋はもちろん、その後の後楽園もセットバックからチケット販売まで、全部自分でやってたね。ある程度埋めなきゃ会場使用料を払えなかったから一生懸命やったよ。でも、意外と売れたんだよね。それで助かったのは、当時のチケット販売は現金書留の封筒が主流だったの。届くと中には5000円札や1000円札が入っているわけ。それをそのまま運転資金に回せたから、何とか旗揚げ2連戦もできたんだ。今はチケットというとプレイガイドばかりで、それだとチケット代の入金は翌月になっちゃうんだけど、現金書留なら直接現金が届く。あと応援メッセージなんかも入っていたのもありがたかったなあ。「プロレスファンは優しいな」って思ったよ。

――旗揚げ戦のメインで、大仁田さんはプロレスと空手の威信をかけた、青柳館長との抗争再燃という試合が組まれましたよね。

プロレスファンも「空手家とやる」と言ったら、ちょっと違うだろうなと思ったみたいで、それがよかったんだと思う。最初の食いつきの部分は特にね。浜田さんと2連戦やったって全然インパクトなかったから。青柳館長ってプロレス好きだったんじゃないかね。だからすごく盛り上がった格闘技の祭典をパクるのが一番だと思って、青柳館長との2連戦を組んだんだよ。忘れもしない、1戦目はボコボコに蹴りまくられて、俺のTKO負けだった。「プロレスを汚してごめんなさい」っていう言葉を残してさ。2戦目の後楽園では、初公開のサンダーファイヤー・パワーボムで勝った。プロレスが勝ったっていうので大盛り上がりになって、そこからだよ、火が付いたのは。ただ、団体の台所事情は相当厳しかったけどね。そのあと12月まで興行が打てなかったんだから。まったくお金がなかったから、人件費や維持費なんてまともに払えなかったよ。

第2章

FMW、電流爆破の夜明け前

プロレスを肯定するか、否定するか

ＦＭＷは旗揚げ後、おもちゃ箱をひっくり返したようなプロレスをうたい文句とし、異種格闘技、デスマッチ、女子プロレス、ミゼットなど何が飛び出すかわからないプロレスを展開してきた。「何でもあり」をキーワードに、有刺鉄線デスマッチを皮切りとして、チェーン・デスマッチ、ストリートファイトマッチ、有刺鉄線バリケードマッチ、テキサス・ストリートマッチ、海にリングを浮かべた洋上マッチなど、数々の「日本初のデスマッチ」を敢行したことで存在感を増してきた。

――ＦＭＷはデスマッチのイメージが強いですけど、旗揚げ初期のころは、プロレスVSサンボで、大仁田厚VSサンボ浅子戦のような異種格闘技戦も目玉にしていたんですよね。

そうだよ。特にサンボは、本当にサンボ世界選手権出場の経験があったからね。柔道VSサンボは、徳田光輝VSサンボ浅子、サンボVS空手では、サンボ・キッドVS松永光弘とかもあった。でも、サンボが本当にすごかったのは、財テクだったんだ（笑）。まだみんな食えない時期に、サンボは文句一つ言わないし、それどころか練習生や若手選手を食事に連れて行って面倒見てくれたりしてね。本当に良いやつだったよ。なんでそんなに金持ってるのかなと思ったら、株かなんかの投資をやってて、マンションまで買ったみたい。

――そんな浅子選手をはじめ、様々な格闘技の選手がＦＭＷには上がりましたね。

最初は、まがい物っぽかったけど、あとになって、柔道のグレゴリー・ベリチェフという山下泰裕さんのライバルで、ソウル五輪銅メダル、世界選手権にも優勝している、とんでもない実力者までＦＭＷのリングに上がってたからね。韓国のリー・ガクスー選手の知り合いにロシアと強いパイプがある人がいて、それが縁だったの。それでベリチェフVS上田勝次の柔道VSキックボクシングの異種格闘技戦ができたんだよ。ベリチェフはプロレスへの適応能力が素晴らしくてね。俺なんか柔道技でとんでもない高さから落とされてたまんなかったよ。

大田区体育館でシングルをやったら超満員でさ。今は新日本がブームだとかいうけど、あのころとはファンの熱量が全然違うからね。ファンがみんな熱くて大騒ぎして、大人しく見てるやつなんか１人もいなかった。ベリチェフのつながりで、女子柔道のグンダレンコ・テレチコワまでFMWのリングに上がったんだ。テレチコワは総合格闘技で神取忍に勝ってるからね。FMWってどういうわけか変な吸引力があって、隠れた実力者が集まってきてていたんだよ。

――モハメド・アリに勝った元・ボクシング世界ヘビー級チャンピオン、レオン・スピンクスも来日して、プロレスVSボクシングということで、大仁田さんと異種格闘技戦をやっていましたね。

スピンクスは、ザ・シークの紹介だったんだ。元世界チャンピオンだから金持ってるのかなと思ってたら、電話を止められるぐらい金がない（笑）。いざ連絡がついてみると「とにかく金を送ってくれ」って言うんだよ。元世界ヘビー級チャンピオンだから100億くらい持っててもおかしくないのに、たぶん、周りの人間に吸い上げられちゃったんだろうね。それでクスリ依存になっちゃったりして、かわいそうだったな。

――UWFへの対抗心があったからなのでしょうか、柔道、キックボクシング、テコンドーなどプロレス以外の格闘家が参加する「総合格闘技オープントーナメント」もありました。

やってたね。テコンドー、サンボ、シューティングなんかも一気に集めて、最強を競うってやつだったな。最後は結局、栗栖選手がイス攻撃でターザン後藤の頭を容赦なくブン殴って優勝したんだ。格闘技路線のＵＷＦを皮肉ったわけじゃないけどね。一つ言えるのは、ＵＷＦはプロレスの否定から入っていったけれど、俺のＦＭＷはプロレスの肯定から入った。そこが最大の違い。ロープに振っちゃいけない、場外に出ちゃいけないとか、従来のプロレスを否定して狭めたのがＵＷＦだったら、ＦＭＷは従来のプロレスをさらに何でもありにして広げていった。音楽にもクラシックからパンクやハードロックまであるじゃない。だったら、プロレスの中にも、もっと幅広いジャンルがあっていいだろうと。本当に何でもありだったよな。

——ＦＭＷのリングには異種格闘技の選手だけではなく、様々な選手が上がってきましたね。

うん。色々呼んだよね。（ザ・）グラジエーターと（ビッグ・）タイトンなんか、最高だったよ。もっとあとになってからは、シークのルートでサブゥーが来たりしてたけど、それまでは全員売り込みに来てて、送られてきたビデオテープを見ながら、俺が選手を選んで呼んでいたんだよ。グラジとタイトンなんて、2メートル近い身長で、相当高いところからパワーボムとかで落っことすんだから、俺も怖かったし、変な角度で落っことされるから、みんな嫌がってたけどさ（笑）。でも、この2人だけじゃなく、今は大スターになっちゃったクリス・ジェリコとか、ランス・ストームなんかも初来日はＦＭＷだったんだよ。

――そういう無名の外国人選手を発掘するのとは別に、タイガー・ジェット・シンやテリー・ファンクなどの大物外国人選手も続々参戦してきましたが、大仁田さんが呼びたかったけれど実現しなかった選手はいたんですか？

いたよ。生傷男ディック・ザ・ブルーザー。俺、あいつのことが大好きでさ。いつも血まみれで、すごい迫力があってね。全日本プロレスにいた当時は、当たり前だけど話なんかできる感じじゃなかったけど、試合は良く見てたよ。クラッシャー・リソワスキーとのタッグとか最高だったね。どうしてもＦＭＷに呼びたくて、わざわざアメリカまで会いに行ったんだよ。そうしたら、当たり前だけど、もう高齢になってて、だけど目とかにはまだ迫力があるんだ。それで俺が「試合したいから日本に来てくれ」と言ったら喜んでくれてさ。「わかった。体作るから少し待って」と言われてね。でも、そのまま食道の血管破裂で亡くなっちゃった。後日、その原因がウェートの練習中にバーベルを喉の上に落としたことだったと聞いて、亡くなったのは俺のせいなんじゃないかって落ち込んだときもあったよ。

「あんたのことは知らんが一生懸命さは買うよ」

ＦＭＷを作ったときは、本当に金がない時代だったんだ。当時は、全日本プロレスは日本テレビ、新日本プロレスはテレビ朝日で放映して、それが全国で流れてるわけだから、プロレスラーも知名度があったし、地方でも興行ができたんだよ。でもＦＭＷは知名度も金もなかった。どうしたらいいのか真剣に考えた末に、「目立つことをやらなきゃしょうがない」と思ったんだ。それが有刺鉄線だ、爆破だ、何だかんだっていうことの始まりだった。それで知名度を上げるためにバラエティー番組にも出るようになったわけ。そうしたら長州力が「バラエティーに出るやつはレスラーじゃねえよ」って俺のことを否定しやがってさ。それが今じゃ、おまえが出てるんじゃないかって。滑舌が悪いだけでキャラクターになっちゃってさ（笑）。俺が言い返してやりたいよ、バラエティー出るやつはレスラーじゃねえよって。

――一度口から出した言葉は取り消すことはできない、「吐いたツバ飲み込むなよ」が口癖の人が飲み込んでしまったわけですね。

そういうこと。今でこそみんな、「バラエティー出なきゃいけない」って躍起《やっき》になって、新日本プロレスも大手芸能事務所のアミューズと組んだりしてるじゃん。特に長州力なんかは会社のほうでテレビ局とかに売り込んでるんじゃないのかな、わかんないけど。FMWのころって、バラエティーなんか出てると、みんなに否定されたもんだよ、俺が『天才・たけしの元気が出るテレビ!!』（日本テレビ系・1985～96年）のレギュラーや、『なるほど！ザ・ワールド』（フジテレビ系・81～96年）のレギュラーを持ったりしてたことを。でもさ、いろんなバラエティーに出たりして名前を売らなきゃ地方に行けなかったからね。FMWの最初のころなんか、地方巡業は悲惨もいいとこだったよ。忘れもしないけど、飛驒高山に行ったときは、選手が15、16人いるところにお客さんが５人しかいないんだもんなあ。

――お客さんが５人でも試合は始まるわけですよね。

そりゃそうだよ。でもあれって不思議なもので、四角いリングなのに、人間って四方向のうちの一方向しか座ってないんだよ。不思議な心理だよな。リングサイドの１カ所に５人が集まってるの。ということは、他の３方向で暴れても、誰もわからないわけ。客の位置を意識しながらやるわけじゃなく会場全体を使って試合するから、お客さんがいないところでも一生懸命だった。「しょうがない」って思いながら、血だらけになって、ボロボロになりながら試合するわけよ。ふと客席が目に入ったら、ジイちゃんがにぎり飯食ってんだ。俺たちがドッタンバッタンやってるのにメシのほうが大切だ、みたいに見えてね。へこむよなあ。へこむんだけど、そのときは一生懸命だったから、へこんでる暇もなかったよ。それで試合後、ボロボロになって帰ろうとしたら、90歳ぐらいの腰の曲がったバアちゃんが来て、「あんた！」って俺に言うんだよ。「はい！」って返事したら「あんた！私はジャイアント馬場さんとアントニオ猪木さんしか知らん。だけど、プロレス大好きなんだ!」って。「そうですか」としか言えないよなあ。すると今度は「それであんた、名前何て言うの?」「はい。僕、大仁田厚です」って言ったら「私、あんたのこと知らん」って。弱っちゃうよなあ。

――それはまたへこみますね。

地方へ行くとそんなことばかりだったからさ。そのバアちゃん、プロレス大好きだから孫にお小遣いもらって会場に見に来たって言うんだよ。一つだけ良いことも言ってたな。「あんた、一生懸命やってんね。その一生懸命さっていうのは人に通じるから。私ゃ、あんたの一生懸命さだけは買うよ」って。それで救われたね。「何事においても一生懸命やり続ければ成功につながる」とは言い切れないけど、「何事においても、自分の好きなことを一生懸命やる」っていうのは必要なことかなって。

ファンにリアルな痛みが伝わるプロレスを

――そうした中で、デスマッチ路線をより前面に打ち出すようになっていきましたね。

なぜデスマッチだったかというと、猪木さんが上田（馬之助）さんとネイル（五寸釘ボード）デスマッチをやったじゃない。あれをやるって聞いたとき「すごいな、そこまでやるのかよ」って驚いたけど、結局、誰も五寸釘の上に落ちなかった。俺はそれ見て「これは落ちたら金になるぞ！」って感じたんだ。これはいつか使えるなって。その記憶から始まったのがデスマッチ路線だった。デスマッチは海外、特にテネシーあたりで有刺鉄線マッチを見ていたから、こういうものを使えばいいんだって俺の中で温めてたんだよ。日本ではそこまで過激なデスマッチはなかったし、全日本と新日本に立ち向かうためには新しいものを築くしかなかった。「猪木さんと上田さんはネイルに落ちなかったけれど、大仁田は有刺鉄線の中に落ちるんだ」というのを見せてやろうってね。

――全日本でのジュニア王者時代、チャボ・ゲレロとの試合後に、大仁田さんはトロフィーでメッタ打ちにされていますが、その体験もデスマッチ路線へと背中を押したのでしょうか？

あのときはベルトを巻いたあと、ジャーマンで投げられて、デカいトロフィーでメチャクチャ殴られたんだよ。腕まで裂かれちゃってさ。でも、メチャクチャやられながら「これ、面白ぇな」「これいい、これいいんじゃないの！」って思ってた。まるで変態みたいだけど、それがレスラーなんだよな（笑）。テリーも腕を切られたりしてたのを思い出して、俺にはテクニシャンのドリーのことは真似できないけど、テリーの何でもありなハチャメチャなら真似できると思ったんだよ。レスラーってみんな真似から入るから、俺はテリーの路線で行きたいなと。

——1989年12月10日後楽園ホールで日本初の異種格闘技・有刺鉄線デスマッチが実施され、大仁田さんはターザン後藤と組んで、松永光弘、ジェリー・ブレネマン組と対戦しました。

「ファンにリアルな痛みが伝わるプロレスをやってやろう」って、それだけだったんだ。何でもそうだと思うんだけど、例えば右と左で2つの異なるものがあって、どっちかが圧倒的に支持されてたら、もう片っぽを求める気持ちって絶対出てくるもんなんだよ。だから、オレはＵＷＦが絶対にできないことをやってやろうと思ったんだ。ＵＷＦにはないものを求めているファンが必ずいるんだから。ＵＷＦが関節技で「これが本物のプロレスだ」とかやっていたけど、関節技が実際にどれだけ痛いのかなんて普通の人にはわかんないじゃん。でも有刺鉄線に引っ掛かれば痛いっていうのは誰でもわかる。その痛みや流れる血でリアリティを表現していたわけ。

日本初の有刺鉄線デスマッチを再現してみる。当日の後楽園ホールには超満員２３００人のファンが押し寄せた。セミファイナルを終えると、スタッフが特別なリング設営に動く。やがてロープの代わりに２００メートルの有刺鉄線がリングを囲む異様なリングが完成。殺伐とした光景にどよめきが起こった。そしてゴング。試合開始から5分経過し、有刺鉄線を巻いてはみたものの、誰もその犠牲にならないのではないかというムードが会場に漂い始めた。だが、そのときだった。ブレネマンの左ハイキックを浴びた大仁田がその衝撃で有刺鉄線に激突した。右上腕部からおびただしい血が流れる。さらに有刺鉄線に激突し流血する大仁田。まさにＵＷＦでは見られないリアルな現実に観客は一気にヒートアップ、異様な興奮が後楽園ホールに湧き起こった。試合は大仁田がブレネマンをサンダーファイヤーパワーボムで仕留めてフィニッシュ。この日、大仁田は右腕を25針を縫った。その傷こそが、１５００針を超えることになるデスマッチでの最

——初の傷痕となった。

——壮絶な試合でしたが、10月に旗揚げしてから2カ月、試合のなかったFMWは一息つけたわけですね。

あのころ、本当に金がなかったからね。当時は、後楽園ホールを満員にすると、グッズの売り上げも含めて1000万ぐらい入ってきたの。それを当座の資金、地方巡業の資金にあてていたから、FMWを回していくためには絶対に後楽園を成功させなければならなかった。でも地方に行っても、知名度なんかまったくなかったから大赤字だったよ。テレビ放送がなければ放映権料の収入はないし、レスラーの名前が知られないからファンが会場に足を運んでくれない。それで、バラエティーに出て俺とFMWの名前を売っていこうと思って「俺をテレビに出してくれ」って各局に徹底的に売り込んだわけ。とにかく、自分らの名前を売ることが先決だったから、どんな番組でもいいから売り込みをかけまくった。元NWAインターナショナル・ジュニアヘビー級王者なんていったって、地方じゃ何も知られてないんだからさ。知名度がなければ全国の巡業なんかできないよ。どうやって全国区になっていくか、そればかり考えてたよ。

ターザン後藤選手とは初の有刺鉄線デスマッチ以来、数々の名勝負を繰り広げた。

日本初の有刺鉄線デスマッチ後の大仁田の主だったデスマッチを見てみよう（いずれも1990年）。
○2月12日、後楽園ホールで大仁田、栗栖の有刺鉄線バリケードマット・マッチ。
○4月1日、後楽園ホールで大仁田、後藤VSドラゴン・マスター、栗栖で、3カウント・フォールを取られたあとに10カウント・ダウンで勝敗が決するテキサス・ストリートファイトマッチで対戦。
○6月24日、東京都夢の島運動公園体育館で大仁田と後藤が、観客なしマスコミのみ立ち会いのノーピープルマッチで激突。
○7月22日、宮崎県日南市油津港で海にリングを浮かべた揺れるリングの上で、海に落とし合う洋上マッチを開催——。

ドラゴン・マスターこと桜田さんと、栗栖選手とのストリートファイトは、最高の試合だったよね。俺の中でのベストマッチだよ。すごいよ、まさに喧嘩だったよな。来栖選手なんか普段着みたいな衣装で出てきて、椅子での殴り方もメチャクチャ。横殴りしたりしていたから、よく死人が出なかったって今さらながらに思うよ。お客さんも顔が引きつっ

てたもん、「ヤバいものを見た」って。今、あんなプロレスないよな。きれいすぎるんじゃないの？　それはそれで面白いって思う人は受け止めればいいって思うけど「ヤバいのを見たい」って人も結構いるからさ、その辺にまだ俺のニーズがあると思うんだけどね。

――6月の後楽園大会では、バルコニーから汚いヤジを飛ばし続ける観客に、激怒した大仁田さんがマイクを投げつけ、大仁田支持派の観客までヤジを飛ばした客に物を投げたことで会場は大混乱となりました。でも、これ以降、ちゃかしに来ていた客はいなくなって、会場の雰囲気は一変しましたよね。

ヤジるのは自由だけど、言っていいことと悪いことはあるんだよ。こっちは必死になってやってるんだからさ。ボロボロになってやってるんだ。ダメになったときに勇気を与えてくれるのがプロレスなんだよ。でもあのときは、俺を応援してくれるお客さんに、俺が勇気をもらったんだ。

電流爆破はＮＨＫで誕生した

――「痛みが伝わるデスマッチ」はファンからの支持を得ましたが、ＦＭＷの経営は上向かなかったそうですね。団体を運営していくためには、さらなるビッグマッチが必要で、そこで考えついたのが「有刺鉄線電流爆破デスマッチ」だったと？

夏に大勝負をかけようとしていたんだけど、そこで既存のデスマッチをやっても面白くない。同じデスマッチばかりやっていたら大きな団体を相手に勝ち目はないんだから、とにかく世間をあっと驚かせないとならないって思ってた。チケットを買ってくれるファンがいる限りは「プロレスのリングで見せられるものは、何でもやってやれ」ぐらいの発想がないと、弱小団体は生きていけないんだよ。プロレス関係者からは「邪道」とか言われたけど、生きていくのに正道も邪道もない。会社で給料もらっている人たちは、決められた仕事をしていればいいっていう安心感があるけど、俺らみたいなフリーランスは常に追い詰められていて、自分から働かないとお金はもらえないんだ。だから立ち止まってないで「何かやらなきゃ」というのが常にあった。自分の発想、アイデア、苦肉の策でとにかく進んでいくしかない。結果、自分が痛めつけられるのはわかってるんだけどね。
　FMWを立ち上げたときから、ずっとそうだったよ。頼りにしていた青柳館長とかも調子いいからすぐ新日本とかに行っちゃうし。そんなことばっかりだったから急きょ路線変更して、異種格闘技からデスマッチ路線に変更したりしたわけ。なんでもそうなんだけど、自分の中で行き詰まってしまって、追い詰められて追い詰められて開き直ったとき、そこでポンと新しいものが生まれるんだよ。

――ノーロープ有刺鉄線電流爆破デスマッチも、追い詰められた末に生まれたものだったんですか？

　あれなんか、まさしくそうだよね。最初はリングの周りを炎で囲んで闘う、世界初のファイヤー・デスマッチをやろうとしたの。JR新橋駅の近くにレールシティ汐留っていう会場というか空き地があって、そこならできそうだからって、営業担当に8月4日で抑えてもらった。でも、ファイヤー・デスマッチの許可が下りない。今考えたらまあ当然なんだろうね、リングが丸ごと燃えちゃう可能性もあったんだから。それですっかり手詰まりになっていたら、「有刺鉄線に電流を流して爆破を付けたらどうなるんだろう？」というアイデアが出てきたわけ。映画とかでよくあるじゃん、電線に当たったら通電してバチバチッて火花が散ってビリビリ痺れるシーン、あれからヒントを得たんだよ。たしかゴジラ映画にも似たようなものがあったよな。自衛隊がゴジラに高圧電流流してさ、でも効かないんだけど。特殊効果でビリビリが伝わってくるように、爆薬をつめた小型の爆弾をつけたら面白いかなと思ったの。

——でも、その小型の爆弾で被爆するのは自分ですよね？

そういうときって、そんなことまったく考えてないんだよ。一緒にアイデア出してくれたリングアナウンサーの荒井の昌ちゃん（荒井昌一・元FMW社長）に特殊効果の専門会社に連絡を入れてもらって。いくつも無理だって断られたんだけど、NHK放送センターにあった特効（特殊効果）事務所に「できます」って言われて、NHKの駐車場で実験してくれるというから慌てて駆けつけたの。実際に爆破してみたら、「バーン!!」って爆音がハンパじゃなかった。警備員が走ってきて「危ない！」って叫ぶから、俺たちはそこから逃げだしたんだ。そのとき走りながら思いついたのが「ノーロープ有刺鉄線電流爆破デスマッチ」っていうネーミングだったんだよ。だから電流爆破はNHKで誕生したんだ

（笑）。ロープの代わりに有刺鉄線を張り巡らせて、そこに触れると電流が流れて、同時に爆弾が爆発するという仕掛け。これ、本当にすごい迫力だったよ。特効の人からは「指一本くらい簡単に吹っ飛ぶし、失明する可能性もある」ってあらかじめ釘さされてたからね。

――天下の国営放送のお膝元で電流爆破が誕生したというのもすごい話ですが、警察からは何も言われなかったんですか？

ダッシュして逃げ切ったからね（笑）。相当ヤバいってのはわかってたけど、何か起きたらしゃあないなとは思ってたよ。だから対戦相手も後藤しかいないなって。信頼できる相手じゃないと、とてもこの試合は成り立たない。後藤は何も言わずに電流爆破を受け入れてくれたよ。でもこの時期、台風が来ていて、当日は雨予想でさ。慌てて屋根付きの場所に変えてもらってリング設営したんだけど、ただ屋根があるだけだから。横なぐりに雨と風が吹き込んできたら爆薬が湿ってしまう。でも、もう俺たちの力じゃどうにもならないから、てるてる坊主作るくらいしかできなかったね。当日は予報通り、朝から雨。でもそれがさ、午前中まで降っていたのに昼過ぎにピタッとやんで、午後になったら奇跡的に晴れたんだよな。おかげさまで超満員の札止めだよ。招待客なんか一人もいなくて、全員チケット買ってくれたんだ。

ノーロープ有刺鉄線金網電流爆破マッチ

――改めて試合の映像を見ると、大仁田さん、これ以上ないくらい、表情が引きつっていましたね。

そりゃそうだよ！　俺と後藤は特効の人から「死んでも責任は試合をした本人にある」という念書にサインさせられてたんだからさ。試合前のリング設営では、リングの四方に有刺鉄線を巻いてそこに200ボルトの電流を流して、火薬が入ったカプセルを120個ほど取り付けた。まったく未知のものだから、リングの中でもどう戦っていいかわからなかったよ。まさか死ぬことはないだろうと思ってたけど、とんでもないケガを負うことは間違いないんだから。でもお客さんが俺たちに何を期待しているのかを考えたら、ぶつからないで終わるわけにはいかないよな。とにかく必死の思いで、俺も後藤も戦ったんだ。俺は6回の爆発を体で受けた。有刺鉄線にぶつかるたびに、小型爆弾が爆発して火花が飛び散るんだ。広場とは違って屋根付きの場所だったから、爆音のライブ感はすさまじかったよ。内外から賛否両論が沸き起こったけど、ニュースになったから良かったよ。試合後は有刺鉄線が刺さった傷もそうだけど、とにかく爆破によるヤケドが酷かったね。

――あの日の爆発は、観客、マスコミ関係者の想像を越えるすさまじいもので、物珍しさで会場に足を運んだお客さんも爆破の衝撃を目の当《ま》たりにして、空気は一変しました。大仁田さんと後藤選手の双方が感電、被爆、流血し続けるので「わかったから、もうやめてくれ！」という観客の悲鳴があがっていました。

電流爆破は怖いよ……。いつだってあのリングに上がるのは怖い。でも、やっちゃう自分がいるんだ。このときの映像は海外でも海賊版が出回るくらい引っ張りだこで、40億円ぐらい売り上げたらしい。初めての電流爆破は、最後には売るチケットがなくなっちゃったんで、ポスターを切って裏側にマジックで書いて当日券を急きょ作ったんだってね。それの売り上げを自分のポケットに入れていた営業担当もいたみたいだけど。でもそういうのもある程度、10のうち3ぐらいまでは認めてやらないと、そのころはプロレスの会社って社員がついてこない部分もあったんだよね。馬場さんを見ていても思ったよ。馬場さんも見逃してたもん。当日の分、自分のポケットに営業のやつが入れてるのを知ってても、そこんとこをガチャガチャ言うと、売る人がいなくなっちゃうんだ。「旨みがなかったら、誰がやるか」ってことになるんだよ。でも調子に乗って、限度をわきまえないのがいるから困るんだけどね。

――この試合でFMWは一気にブレイクし、プロレス誌でも、新日、全日と肩を並べる扱いを受けるようになりました。特に東京スポーツは同紙の方向性と大仁田さんのキャラクターが合っていたから、以降、大仁田さんを1面で頻繁に取り上げ、大仁田さんの知名度アップに貢献するとともに、1990年プロレス大賞のMVPを大仁田さんが受賞、ベストバウトをノーロープ有刺鉄線電流爆破デスマッチが獲得したんですね。

プロレス界で認められたことは、本当にうれしかったね。というか俺のことを「邪道」と蔑《さげす》んでた奴らに中指立てて「Fuck you!」って言ってやりたかったよ。やっぱ人間はさ、意地にならなきゃダメですよ。MVP取ったときの表彰会場には、馬場さん、猪木さん、長州も来ていたけど、俺のこと癪《しゃく》に障ったと思うよ。だって、会場では誰も話もしてくれなかったからね。俺の受賞の件で、東スポにクレームがあったかどうかは定かじゃないんだけど、「何でＭＶＰが大仁田なんだ？」という反応はそれなりにあったんじゃないか？あのころの東スポ、まだ弾《はじ》けてたからね。最近は大人しくなったけど、昔はしょっちゅう訴えられてたじゃん。「訴訟だけでどれだけあるかわからない」みたいなことを記者たちも言ってたし。大仁田やＦＭＷは、人面魚やＵＦＯ出没とかと同じ感性で載せてたんじゃないかな（笑）。俺たちは最高で年間27、28試合だけど、それで1面取ったんだぜ。1面取るのって担当記者としては一番の狙いだからさ、あの当時のＦＭＷの担当記者は東スポの花形記者だったと思うよ。でも、そのＦＭＷ担当記者は、飛ばしすぎて自分が飛ばされた（笑）。その後、整理部に行って、それから配送だったかな。他団体からの圧力があったからかどうか、それは俺、知らないけど。

――有刺鉄線電流爆破デスマッチの成功で、大仁田さんはテレビに引っ張りだこ。タレント並みの知名度を得て、ＦＭＷもプロレス団体として新日本と全日本に匹敵する第3勢力になりました。驚いたのは有刺鉄線電流爆破デスマッチからわずか1年後の１９９１年９月に、川崎球場で興行を開催。同日開催だった新日本プロレス横浜アリーナ大会の１万８０００人を上回る、３万３０００人の動員に成功しているんですよね。

あのとき、まだ旗揚げして2年も経ってなかったんだよね。やっぱり、みんな電流爆破が見たかったんだよ。汐留で3000人ぐらい集まったかな。あそこ以上にお客さんを入れられて、電流爆破マッチもやらせてくれる場所が、当時は川崎球場しかなかったもんね。サンボ浅子に川崎球場で試合をすることを伝えたら、あいつ本気で川崎球場の駐車場で試合するものだと思っていたからさ（笑）。「駐車場じゃなくて川崎球場の中でやるんだ」って言ったら、目が点になってたもんな。FMWにとってはそのくらいの大冒険だったのよ。

だから同じ日に、新日本が同じ神奈川県の横浜アリーナでやると聞いたときは、「マズイな」って思ったよ。だけど、新日本は昼で、FMWは夜だったので助かったんだ。メインは後藤とのノーロープ有刺鉄線金網電流爆破マッチ。電流爆破と金網を組み合わせた、初めての試合形式だった。第1試合のころは空席が多かったけど、昼の時間に新日本の試合を見たファンがハシゴして見に来てくれたので、3万人を超える人たちが見に来てくれた。この成功があったから、1992年横浜スタジアム、1993年阪急西宮球場での連続開催へとつながっていったんだよ。

電流爆破マネーを食い物にするやつら

――ＦＭＷを作られたときは大迫和義さんが社長でしたが、このころは、大仁田さんが社長になっていましたよね。

それがまた面倒だったんだ。ＦＭＷを作ったときは大迫和義を社長にして、彼が資本金80万円を出した。でも社長といっても何もしないから辞めさせようとしたら、まあ、いろいろあってさ。あまり詳しい経緯は言えないんだけど、俺との間で金銭的な問題にまでなっちゃって、厄介だったな。そうしたらあいつ、いつのまにかＷ★ＩＮＧを作って社長になってた。ＦＭＷの社長が今度はＷ★ＩＮＧの社長になってるんだからビックリしたよ。その他にも、あのころのＦＭＷは金の問題が結構出てきて、ビデオの売り上げが２０００万～３０００万円くらいあったのを会社に入れないで、自分で持っていっちゃったやつもいてね。当時のプロレス界って、そういうのがたくさんいたんだよ。自分の体をこき使うわけでもないのに、金だけ持っていっちゃう、プロレスを食い物にするようなやつがさ。

——プロレスを食い物にしようとする人たちは、猪木さんに近づいてくることが多かったと聞いたことがあります。

猪木さんは、どちらかというと、逆に食い物にするほうでもあったんじゃないの？　当然、近づいてくるやつらもいたんだろうけど、あの人、そういうところもうまかったよね。だから、プロレス界で一番金を集めることができたんじゃないかな。うん、たぶん、猪木さんが一番だと思うよ。大仁田厚っていう名前なんかじゃ金は全然集まらないからね（笑）。いや、集めようとは思わなかったのかもな。俺、そういうタイプじゃなかったから。どちらかというと、イメージがうさん臭かったみたいだから、金集めようとしてもきっと集まらなかったよ。

——1991年8月に佐賀県の鳥栖で「8・17炎のバトル～FMW&ロックIN鳥栖～」を開催して、大赤字になったこともあったんですよね。

あれは超満員で観客5万人近く入ったのに、チケットの売り上げとかを全部持っててっちゃったやつがいたんだよ。それで俺に1億6000万払えっていうことになってさ。持ち逃げしたのは、ある制作会社のやつだったんだけど、調子のいい野郎で、一緒に『炎のバトル』のドキュメント番組をやることになったの。「プロレスとロックは、絶対に共通するものがある」って言ってきてさ。当時だとすごく画期的だったし、今の夏フェスとかを先取ったようなものだったんだ。出演メンバーも、ブルーハーツ、筋肉少女帯、泉谷しげる、アンジーとかメンツも良かった。逃げたやつはうちの営業担当に紹介されたんだけど、保証人だったことで俺が訴えられる羽目になったんだよ。それで俺、1億6000万円払ったよ。音楽会社の社長とかに頭下げて1億借りて、全部払ったんだ。あのころはVHSとかの映像が売れていたから貸してくれたんだろうな。あの日はノーロープ有刺鉄線電流爆破トーナメントやって、決勝のサンボ浅子との試合で背中に大ケガして、さらに一人で大損っていう。酷い話だったんだよ。

──途中、なぜか稲川淳二さんと高田文夫さんのトークショーもやっていましたね。

ああ、やってたね。それで、さらに酷かったのが試合後だよ。背中の傷を縫ってもらおうとしたら、医者の先生が「あれっ、麻酔忘れちゃった」って言うんだよな。仕方ないから麻酔なしで背中縫ってもらって。麻酔なしだぜ？　痛いのなんのって。挙句に売り上げ持ち逃げされちゃうんだからさ！　なんのこっちゃ！　だよ。今、俺は佐賀に住んでるんだけど、年に1回の市民の健康診断で佐賀の医療センターに行ったら、担当の先生が「僕、大仁田さんが鳥栖でやったときに麻酔を忘れて縫った医師です」って言うんだよな（笑）。そういう縁もあるんだね。「今日なら麻酔あります」って言われたけど、ただの健康診断にそんなもん要らねえよ！（笑）。

――ちなみに、持ち逃げされてしまった1億6000万円のうち、前述の音楽会社の社長から借りた1億円を除いた残りの6000万は、大仁田さんが自腹で立て替えたんですか？

まあ、全部じゃなかったんだけどね、ＦＭＷという会社の金にも限界はあるので。プロレス界の連中って、俺のことを悪いやつだって言うけどさ、こういうこと話すと意外と悪くないんだよ。そう思うだろ？　逆に被害者ですよ。悪い人が周りに寄ってきちゃうんだから。金に汚いとかいろいろ言われたことあるけど、もし本当に金に汚なくて、人の金をかすめ取るようなことばかりしてたら、今ごろガッポガッポ持ってたはずだよ。見てくださいよ、今の俺、金なんてぜんぜん持ってないんだから。

――お金にはかなり無頓着なところもあるそうですね。

まあね。ＦＭＷを辞めたときも現金で2億ぐらいは持ってたんだよ。段ボールに入れて、それをおふくろに預けてた。タンス預金みたいなもんだよな。銀行のことはあんまり信じてないし、金利も低かったからね。そうしたら友だちが「困った」「貸してくれ」って泣きついてきて、俺もかわいそうになって段ボールを開けて、３０００万円貸したんだ。あれって不思議だよな。1回貸すと、そこから変わっちゃうんだ。段ボールのテープを開けた瞬間から、いつの間にか中身がなくなっていくわけ。「この人に貸しちゃったんだから、あの人にも貸さないと悪いな」ってなっていって。何でだろうね？「あれあれ？」と思ってるうちに全部なくなっちゃった。開けなきゃよかったなあ。20年後ぐらいに開けりゃよかったんだよね。

――貸したお金は戻ってこなかったんですか？

うん。この場を借りてみんなに言っておくよ。「貸すんだったら、自分が『戻ってこなくてもいい』っていう範囲の中で貸せよ」って。「俺に任せろ」なんて言って見栄張って貸したらダメなんだ。まず戻ってこないぞ。これ、俺からの教訓。そもそも人に貸さないほうが身のためなんだけどさ。最初に段ボール開けなかったら、そのまま残ってたんだろうなあ……。

——「大仁田が金を持ってるらしい」って嗅ぎつけてくるんでしょうかね？

まあ、それもあるんだろうね。それで「しゃあないなあ」と思っちゃう自分がいるんだから、俺も困ってるんだよ（笑）。

デスマッチの果てに見た三途の川

——ＦＭＷでの最初の引退、１９９４年５月５日の川崎球場大会で天龍さんと電流爆破マッチに敗れて、１年後の引退を宣言されています。引退の理由は「このままデスマッチを続ければ本当に死んでしまうと思った」と話されていましたよね。

最初に引退を考えたのは、1993年の2月ごろだよ。鹿児島での試合後にブッ倒れて敗血症になったんだけど、あのときの俺、本当に死ぬ寸前だったんだから！　みんな本気にしてなかったけど、東スポに「大仁田の死亡証明が書かれていた」とか載っていたじゃん。あれ、本当にヤバイことになってたんだから。倒れたときって、疲れ切って限界が来てたのが自分でもわかってたんだけど、FMWの興行で俺が休むわけにはいかないから、旗揚げから1日も休むことなく走り続けていたんだ。自分でも自分の体が悲鳴を上げているのは、よくわかってたよ。

——試合後に倒れて救急搬送されたら、扁桃腺に膿がたまって気管を圧迫していて、すぐに膿を取り出したものの、扁桃腺の細菌が肺に入って敗血症を併発。一時危篤状態になり、38日間入院したということでした。

冷やすために氷漬けになっていて、意識も18日なかったんだ。敗血症になったところで70%死ぬって言われてたらしく、親も呼ばれたんだって。あのとき、本当に三途の川見たからね。草原があって、「お～い」て呼ばれて、見たらロケーションが変わってるわけ。俺、雪山を歩いてるんだよ。そばには3、4人の探検隊がいて、そこに突然、デカい熊が出てきて、俺のことブン殴ったの。そのときに目が覚めたんだ。看護師さんに「熊に殴られた」と言ったら「ウンウン」とうなずかれてね。

――完全に危篤だったんですもんね。

それで意識が戻ってからは、一度死にそうになってたもんだから、「死んで花実が咲くものか」じゃないけど、「死んだらどうしようもないな」っていう思いが強くなってきたんだ。あのころは俺がやっていたデスマッチが「もっともっともっと過激に」ってエスカレートしていったら、「あとは死ぬしかないな」って真剣に考えてたの。頭が完全にテンパってたから、「究極は死だ」って結論に達してたんだよ。でも「死ぬのもどうなのかなあ」って思っていた矢先に、バタッと倒れちゃったわけ。あそこで倒れたから、究極の選択までせずに済んだんだと思うよ。病院のベッドで意識が戻ったときは、体がまったく動かせなくて、「あ、これはヤバいぞ」って思って、時間が経つにつれて「このまま死んでったら何の表現もできない」「すべては生きてこそやれるんだ」っていうふうに考え方が変わっていったんだ。

――心と体が限界まで来ていたんですね。

うん。だって嫌じゃない。体が動かせなくて、毎日毎日、看護師さんにウンコ取ってもらったり、尿瓶使われたりするのってさ。「こんな思いは2度としたくない。もう限界かもな」と思ったよ。人ってさらに上のモノを求めるじゃん。エンターテインメントの世界って、いつもそうだけど、お客さんが求めているものに対して、その想像すら上回る「もっとすごいものを見せないと」っていう世界だから、キリがないんだよね。このまま続けていけば、間違いなくその一線を越えることになる。過激さはいいけど、グロテスクなものは見せられないし、俺の死ぬ姿はリングで見せられないって結論に達したの。奇跡的に回復して退院できて、リングにも復帰したけど、そのときから「ああ、もう引退だな」って思いはあったんだよ。

――そんな状態から退院して1カ月半しか経っていなかったのに、5月5日の川崎球場でテリー・ファンクと電流爆破マッチで対戦しているんですよね。

テリーとの川崎の試合で、俺はさらに200針縫ったんだよ。どの指か忘れたけど、有刺鉄線がからまった指が半分取れて落ちそうになってさ。落ちそうになっているのをテープで貼って、翌日縫ってもらったんだ。俺らそこまでして戦ってたんだよ。だから、プロレスは八百長だとか、どうのこうのと言うやつがいるけど、「だったらこのリングに上がってこい!」ってことだよ。リングの上では本当に命を懸けてやってるんだからさ。「しょっきり」もあるけど命懸けもある。それぞれの選手が、それぞれの場面で本当に命を懸けてやってるんだよ。みんな、いろんな人の人生背負ってリングに上がってるんだ。デスマッチがあり、ストロングスタイルがあり、王道があり、シュートがあるけど、命を懸けているのはみんな一緒。だから、人のことを否定するなって話なんだ。あ、ちょっと話がズレちゃったかな。

——1995年5月5日、FMW川崎球場大会で引退試合が組まれました。対戦相手は当初発表されたターザン後藤選手ではなく、FMW次代のエースのハヤブサ選手。5万8250人の観衆を集めて、川崎球場の最多動員を記録しましたよね。

あのときは本当に迷ったよ。最後の最後だから、川崎球場じゃなく「東京ドーム、やろうかな」って。でも、東京ドームでやらなかったから今の俺がいるんじゃないのかな。東京ドームでやってたら、本当に燃え尽きてたかもしれない。引退試合の相手は後藤しかいないと思ってたけど、直前になってあいつ、退団しちゃったんだよ。理由はよくわかんないけど、後藤って極端なところがあったからね。俺も若い選手たちには、後藤の意見を聞いているだけでなく、それぞれが思っていることも口にして「わだかまりのないようにしないとダメだ」って言ってたんだけどね。俺が引退したあとのFMWは、後藤とハヤブサの2枚看板になって、将来的なエースはハヤブサだと思っていたんだけど、後藤がそれを誤解したのかもしれないな。俺たちの世界は、悪口を言われてナンボ。悪口は存在感みたいなものなんだからさ。でも、選手がそれを真に受けちゃったりすると、会社の中がおかしくなってくる。後藤の件には、そんな事情もあったんだよ。

——大仁田さんに関して、当時はいろんなこと書かれていましたもんね。

本当だよなあ。何か、俺が守銭奴みたいに言われて、プロレス以外の週刊誌とかがどうのこうのと書いていたけどさ、テレビのギャラとか何千万あったか知らないけど、全部会社に入れてたからね。運転資金にするために。うちの義理のオヤジが経理やってたから、そういうふうにしてもらってたの。こんなこと言うのも変だけど、川崎球場での興行なんて1億円分以上のチケットとかが売れてたわけだから、俺の立場だったら、そこから1000万とかもらっちゃってもわからなかったかもしれないよ。でも、そんなことしないって。今となっては「少しくらい引っこ抜いときゃ良かったなあ」って思うけどね（笑）。

――大仁田さんがテレビに出てギャラを稼いで、それを会社に入れて社員に還元しても、社員は当たり前ぐらいにしか思わなかったんでしょうか？

人って感謝しないから、そんなもんだよ。感謝じゃなくって不満ばっかり言ってたけど、まあそんなもんなんだよな。だから、俺がその後、ＦＭＷに復帰したときも、過去への感謝なんか全然なくて、不満ばっかりだった。ＦＭＷのためにさんざん血流して、死の淵までさまよったのにね。

第3章

長州力と「大仁田劇場」

「狙うは長州の首ただひとつ！」

——大仁田さんの電流爆破30年の歴史の中で一つの集大成と言えるのが、長州力さんが現役に復帰した２０００年7月30日、横浜アリーナで実現した長州VS大仁田の電流爆破デスマッチですね。

あのさ、その前に言わせてよ。長州の引退試合見た？　俺が必死で追い掛け続けた、あの長州力はどこに行ったんだよ！　リングの上でカアちゃんを抱きしめてキスなんてしてやがる。奥さんをリングに上げるなんて、一番破廉恥じゃないか？　人のこと散々言っておいてさ。俺、リングの上ではいろいろやってきたけど、さすがに女性とキスなんかしたことはないよ。

——２０１９年6月26日、長州さんの二度目の引退試合での出来事ですね。

俺にさ、「またぐなよ」って言ってたのがアレだよ？　お前もね、2回目の引退したんだから、もう二度とリングをまたぐなよって話だよ。俺も7回引退したとか言われるけど、7回も2回も一緒だろうって。だけどね、あのオチはなんなの？　引退っていうと、俺は周囲から非難囂々《ごうごう》浴びるのに、長州は何でみんなから温かく引退させてもらえるんだよ？この差は何なんだろうね。改めて俺から言っておくよ、「長州、2度とリングをまたぐなよ」って（笑）。ま、それであれだな、横浜アリーナの復帰戦だ。やっと長州が電流爆破のリングに上がってきたはいいんだけど、電流に当たったのは俺だけだったんだよ。長州、もしかしたらチキンか？　歴代の対戦相手、曙さんや高山選手は爆破に頭から突っ込んでったよ。あとさ、繰り返しになるけど言わせてよ。俺に「テレビのバラエティーとか出ているやつはクソだ」みたいなことを言っといてだよ、自分もバラエティーにさんざん出て稼いでるだろう？　活舌の悪いのを面白おかしくいじられてさ（笑）。いや、俺、けなしているわけじゃないんだよ。その心変わりは何なんだよって言いたいの。もうネタ切れするだろうけど、テレビって1周しちゃうと、よほどその番組で結果出さないと次は呼ばれない世界だからね。ということで、電流爆破での長州の話に戻ろうか。

――はい。長州さんとの電流爆破デスマッチは、大仁田さんがFMWからの離脱を表明したあとの1998年11月1日の小倉大会で、「FMWを愛するファンに告ぐ。俺は全日本、新日本プロレスに行く！　俺はおまえらの意気込みを全日本、新日本に持っていく！」とメジャー進出を宣言したのがスタートでしたよね。新日本だけでなく、古巣である全日本プロレスにも参戦を打診したということだったんですか？。

ああ、全日本って言ったのは嘘だよ。打診はしてないよ。全日本に行ったってつまんないじゃん。相手がいなかったし、俺の中で燃えるものがなかったんだ。目指したのは新日本プロレスだよ。「狙うは長州の首ただひとつ！」だからさ。長州という引退した選手をなぜ指名したかっていうと、「絶対にリングには帰ってこないだろう」というのがあったからなんだ。万が一、本当に帰ってきたら、それはそれで面白くなるじゃん。現役の選手なんか指名しても、いくらでも可能性あるからつまんないよ。引退選手なら、闘う以前に、復帰するのかどうかとかで、話題としても長持ちするし。Ｕインターにみたいにすぐ潰されることなく、長州ならそう簡単に動かないから長持ちするって思ったんだよ。

——そもそも大仁田さんがＦＭＷを離脱した経緯には何があったのですか？

あるとき事務所に呼ばれて行ってみたら、（荒井）昌ちゃんと選手が勢揃いしてて「大仁田さん、お願いです。ＦＭＷを辞めてください！」って言われたんだよ。このときはもう、俺の作ったＦＭＷとは違う会社になっていたし、ハヤブサたちの「自分たちでＦＭＷをやっていきたい」という気持ちも理解できたから、そのまま受け入れたんだよ。

――ハヤブサ選手たちだけで運営して、うまくいくと思いましたか？

俺はハヤブサにとても期待していたから、全日本に出たいというときも、俺が直接、馬場さんと交渉して頭下げて使ってもらえるようにしたんだ。ただ、そこに俺がいて、ハヤブサたちのメイン前に試合をしても、そりゃ俺のほうが人気もあったし、お客だって盛り上がるんだから、やりにくかったと思うよ。気持ちは理解できたんだけどね。

ただ、プロレスって、普通に試合するだけじゃダメなんだよ。そこには抗争とかが必要なわけ。あの当時、俺はＦＭＷのメインを見ながら、「ここに後藤がいてくれたら、もっと盛り上がっただろうな」って思っていた。だから、そこで俺を彼らとは反対側に置いて、抗争の対立軸という活かし方でもしてくれていたなら、また違ったとは思ったけど、彼らはとにかく新しいものを作りたくて、そこに俺を必要としていないということだったんだ。彼らのやりたいようにやればいいと思ったんだよ。俺は１人でも食っていけるんだからさ。

――そこですぐに対新日本に向けて動く行動力の早さ、発想力は素晴らしいですね。そこで、当時の大仁田さんのマネージャーが、新日本でマッチメイク担当の永島勝司さんと顔見知りだったので、永島さんを窓口に交渉を重ねたということでしたけれど。

そうそう。でも交渉を重ねたと言っても、長州が出てくるなんて約束はなかったんだ。マスコミの一部は「出来レースだ」って思っていたみたいだけど、最初の段階では長州のほうには復帰する気持ちはまったくなくて、永島さんからも「難しいと思うけど、何とかしてみるから」とだけしか言われていなかったんだよ。だって、長州は俺のことを本気で嫌ってたからね。俺の名前を出すだけでも激怒したんだって。これは一筋縄ではいかないなと思っていたけど、だから面白いんだ。それが実現できたのは、テレ朝の真鍋（由アナ）のおかげだよ。真鍋との「大仁田劇場」が話題を呼んだから、現場の雰囲気が変わってきて、長州戦までたどり着けたんだ。真鍋がいなかったら、単なる打ち上げ花火で終わっていたかもしれない。1年半も大仁田劇場に付き合ってくれた真鍋には、感謝の言葉しかないよね。

「大仁田劇場」の高視聴率で真鍋アナ続行決定

「ワールドプロレスリング」の名物コーナーのような扱いとなっていた「大仁田劇場」。出演者は、新日本にケンカを売った大仁田厚と、テレビ朝日アナウンサーでワールドプロレスリングのサブの実況を担当していた真鍋由アナ。真鍋アナが番組レポーターとして「新日本プロレスのリングで長州力と電流爆破がやりたいんじゃ！」という大仁田厚を追う展開が毎週放送された。長州力戦にたどり着くまでのストーリー、会場乱入から、佐々木健介、蝶野正洋、グレート・ムタとの戦いなど、大仁田が新日本プロレスを舞台に暴れまわる過程が1年半にわたって放送された。

その記念すべき初回レポートは、大仁田の新日本への参戦が決まり、真鍋アナがインタビューに訪れるところから始まった。この最初のインタビューから、大仁田は真鍋アナに水を浴びせかけ、平手打ちをし、蹴りを入れたりして散々な目に遭わせる。だが真鍋アナはそんな理不尽な扱いに翻弄《ほんろう》されながらも、めげることなく毎回大仁田に食らいついていく。その緊迫した空気感が視聴者にウケ始めると、ゴールデンのバラエティー番組でもその模様が取り上げられるようになっていく。やがて、ともに真剣に向き合い続けた大仁田と真鍋アナは心を通わせ、不思議な友情すら芽生えてくる。「電流爆破、見たいです!」と大仁田の目をにらみつけるようにして語る真鍋アナに対して、大仁田は「これを着て(長州戦の)実況をしてくれ!!」とスーツをプレゼントした。そして、試合が始まり、大仁田が5回の爆破を被爆、長州はゼロ。試合結果は長州のスコーピオンデスロックによるレフェリーストップで大仁田のTKO負けが決まる。デスマッチ後、病院へ運ばれようとする大仁田の元に駆けつける真鍋アナ。すると大仁田は最後の力を振り絞り、真鍋アナに「……ありがとよ」とつぶやくと、2人は熱い抱擁を交わし、大仁田は病院へ運ばれていく。真鍋アナが大仁田を真剣に追い続けた模様がプロレス的な好評を博した。

――大仁田劇場は現在も動画がアップロードされています。視聴者のコメント欄などを見てみると、「今見ても、大仁田の陶酔しきった表情や、真鍋アナの真剣な発言、これらは真面目にやっているように見える。しかし、やっている内容は、どう見てもギャグ。演技でやっているとしたら、もはやプロレスラーとアナウンサーのレベルをはるかに超越している」などと寄せられています。

あれは最初、テレ朝のアナウンス部長が「いい加減にしろ。何でアナウンサーを殴るんだ！　真鍋はもう出さん」って激怒したんだよ。プロレス中継のスタッフに「やめさせろ」って猛抗議してきたんだって。でも大仁田劇場の放映以来、視聴率がバーンとハネ上がったんだよ。そうしたら、テレビ局ってすごいよな、視聴率が上がったってわかった途端に手のひら返すんだよ。「どうぞ、やってください」って（笑）。それで番組の目玉になっていったの。断言するけど、あれはヤラセじゃない。俺は真鍋とは食事もしたこともなければ、会話するような仲でもなかった。俺と彼のすべてのやり取りは打ち合わせが一切ないアドリブで、お互いの高ぶりのままにやったものだったんだ。ウケたのはその緊張感が視聴者にも伝わったからなんだと思う。回数を重ねるにつれてお互いが心開いて成長していって、最後に俺が「ありがとうよ、真鍋」って言って終わったんだよな。

あんな深夜の放送だったのに、グングン視聴率が上がっていくんだからすごいよ。3回ぐらいDVDも出したんじゃないかな。それがいつも売り上げ上位に来てたらしいけど、権利は全部あっちが持ってるから、たしか俺には何も入らなかったよ。それで、真鍋にヤキモチ焼いたのが、メインでリングサイドにいたアナウンサーの辻義就（現・辻よしなり）ですよ。そりゃそうだよな。真鍋が出てきたら会場は真鍋コールなんだもん。異常な人気が出ちゃったからね。

――真鍋さんはすでにアナウンサーから異動されているんですよね。

宮内庁担当とかをやってるみたいだね。真鍋もあれで燃え尽きたんだよ。でもさ、あのときの新日本プロレスって、意外と慎重なことするんだよ。実は真鍋パターンと辻パターンと2つ撮ってて「どっちがいいか」ってやっていたんだから。結局、真鍋で正解だったんだけどね。

新日本への単独殴り込みの真相について

――時系列で振り返ると、大仁田さんが最初に新日本に上がったのは1998年11月18日の京都大会でした。第5試合後、リングに乱入し「俺は大仁田厚じゃあッ！　新日本プロレスに挨拶に参った。俺を上げるのか、ここで返答しろ！」とマイクアピールし、駆けつけた長州力に挑戦状を突きつけたんですよね。

「せっかく単独で殴り込みに行ったんだから、もうちょっとかっこよくさせてくれよ」

新日本の永島さんとの話し合いで「大仁田が来たことを観客にアピールしてくれ」とだけ言われていたんだけど、それだけじゃ面白くないから、勝手に長州への挑戦状を持ってリングに上がったんだよ。それで長州を呼び出したんだけど、長州もそこで自分の名前が呼ばれるなんて思わなかったんじゃないの。だから駆けつけてきた長州の顔に「テメー、勝手なことしやがって！」って書いてあったよ。挑戦状を破り捨てると本気で殴りかかってきたからね。でもさ、俺が新日本に乱入するとなったら、それくらいはやらないとダメだよね。

――乱入してきた大仁田さんに最初に突っかかってきたのは、全日本時代の後輩の越中詩郎さんですよね？

あの野郎、完全に長州の腰ぎんちゃくになってやがってな。でも、あのときは今と違うんだよ。今の新日本には、いろんな団体に出てるやつもいるけど、当時の新日本は「考え方とイデオロギーが違う」ってことでよそ者は受け入れなかった。だから俺が新日本のリングに上がったら、みんなでボコボコにしやがったんだよ。「俺が出るまでもない！　お前らがやればいいんだ！　いけ、コラーッ！」って長州が叫んだら、みんなして本気でボコボコにしやがって！　あいつらの蹴り方、半端じゃないんだよ。でもさ、せっかく単独で殴り込みに行ったんだから、もうちょっとかっこよくさせてくれよって。普通、もうちょっとかっこよく登場させて、パパッと見得を切って、せめて何人かをやっつけさせて退場させるじゃん？　でも新日本って全然そんなところじゃないの。俺はただただボコボコにされてさ。かっこ悪くってしょうがないよ。だから、あのときは俺もムカッときた。でも「印象に残った」とか言われたから、まあ、いいんだけどさ。

――これで大仁田参戦をアピールできた新日本は、1999年1月4日の東京ドーム大会を満員にするための秘策として、大仁田さんと佐々木健介選手の試合を発表したわけですね。

でも永島さんに聞いたら、オーナーだった猪木さんは大反対してたんだって。俺のプロレスに勝ち負けなんか関係ないから、「大仁田なんか上げたって、美味しいところを持っていかれるだけだ」って。さすがわかってるよね、猪木さんは。

――勝負論ではなく、ご自身の持つ圧倒的な存在感で自分の世界を築き上げているのが大仁田さんですからね。対戦相手だった佐々木健介選手は、勝負論にこだわるタイプでした。

堅いっていうか、ただ力ずくで「新日本のレスラーはこうだ」みたいなことばっかりやっていたやつだよ。佐々木健介なんて北斗晶がいなかったら、今の安定したポジションはなかったんじゃない？　ＷＪだって、あいつがもう少しちゃんとしてれば……それ本当だよ。エースの器じゃなかったってことなんじゃないのかな。相撲でいう付け出しみたいなもんだよ。付け出しで出ていたのに全然、面白くないんだ。あのね、俺がこういう悪態つくときは、「(笑)」とか書いといてね(笑)。

――悪口ってことではなく「読んでくれる人を楽しませるために言ってるだけだ」っていうことですね。

そうそうそう。よく「プロレスラーは筋肉バカだ」とか言われるんだけど、佐々木健介もそれなんだよな。暇があれば鉄アレイで腕鍛えてるタイプだからさ。何かの番組で、俺、ゲストで出てたんだよ。そうしたらあいつ、レスラーたちと腕相撲か何かやってたんだよ。それで俺の前でさ、「いやあ、レスラーは筋肉ですよ」って言っちゃってて(笑)。何が「レスラーは筋肉」だよ、おまえ、そんなこと言ったら馬場さんはどうすんのって。馬場さんの体を見てみろよ。あの体で日本のプロレス背負って盛り上げてきたんだぞって。

――試合の模様に戻ります。「ワイルドシング」のテーマ曲に乗って、大仁田さんはタバコを吸いながら、ニタニタ笑って入場。このとき万が一も想定して、右のリングシューズの中にはナイフを隠し持っていたそうですけど？

そりゃそうだよ。たった１人で敵地に乗り込んだからさ。カール・ゴッチと試合したザ・シークと一緒だよ。仕掛けてくるなら、そのくらいの覚悟はしろよってことだ。それで、佐々木健介だけじゃなくて、山本小鉄さんがまた変わっててね。あの人、レフェリーなのに俺をにらみ付けて、リングに入ろうとすると両手で通せん坊するんだよ。「おまえ、入れろよ、バカ野郎！」って怒ったら、佐々木健介と２人して通せん坊してんだぜ。試合するのに、リングの中に入れないのかよ、いいかげんにしろよって話だったね。

――試合は、佐々木健介選手がラリアットで大仁田さんに血反吐《ちへど》を吐かせたりして、圧倒していましたが、最後、大仁田さんが火炎攻撃を浴びせて反則負け。６万人の観客が一斉に大ブーイングしていました。

あれはうれしかったね。レスラー冥利に尽きるってもんだよ。レスラーにとっては無視されることが一番ダメなことだから、あれだけの反応があったってことは、新日本で俺が認められたってことだからね。だから「オイッ！　新日プロレスファンよ、よく聞けよ。

新日本はこんなもんで反則かい!?　器量が小さいのぉ！　これは俺の生き方じゃあッ!!」って言ってやったんだよ。

――レスラーのかっこいい入場シーンのランキングでベスト5ぐらいに、佐々木健介戦での大仁田さんが、タバコ吸いながら入場するシーンが選ばれていたのを見たことがあります。

あれ、実はあのあと、大変な事件になっちゃったんだよ。火気厳禁だった東京ドームでタバコを吸ったってことで、東京ドーム側に怒られてさ。タバコ1本たまたま余ってたから、まあいいかと思って吸いながら入場したんだけど、とんでもなく怒られたよ。東京ドームってタバコに対してものすごく厳しいからね。今なんかもっと厳しいと思うよ。だから、東京ドームでタバコ吸ったやつって、あとにも先にも2人だけだよ。ローリング・ストーンズのキース・リチャーズと大仁田厚しかいないんだって。

小川VS橋本は大仁田対策で組まれた

——佐々木健介選手との試合のあった日には、橋本真也選手が小川直也選手に一方的にやられて、大騒動になった試合も組まれていましたね。

あれはやっぱり、猪木さんが俺を新聞1面の話題に持っていかれたくなかったからなんじゃないかな。俺が新日に上がるだけでも、東スポとかほとんどのプロレスメディアが俺のことをトップにしてたんだから。だから、猪木さんが、あんなことやり始めたんじゃないかな、きっと。小川をスターにしたかったっていうか。やっぱり、猪木さんは策士だからさ。でも、たまに策士策に溺れるっていうときがあるんだよ。あのころの猪木さん、溺れてたんじゃないか。格闘技路線に行って、ことごとく溺れてたっていうか、失敗していたと思うよ。やっぱり、自分が演じ手じゃなくて、他の人間を使ってのことだったからさ。

——結果、火炎攻撃で館内は大ブーイングという、大きなインパクトを残したわけですからね。

俺なんか、もう前座だよ。前座だったけどさ、小川の暴走がなかったら、前座がでっかく1面取っちゃったりしたよね。だから、ああいうふうにわざとセンセーショナルにやったんだろう。猪木さんが「大仁田を上げるなんてとんでもない」って言ってたのは、自分で「UFO」を立ち上げて、新日本との抗争の軸にしようとしてたってことがあったから、俺のことが邪魔だったんじゃないの。

――橋本選手にとっては、ある意味、いい迷惑だったと。

これはもうしょうがないよ。食うか食われるかなんだから。だったら、対処しないといけないじゃん。「興行はメイン良ければすべて良し」っていう言葉もあるけれど、逆に言うと、前座が光ることだってあり得るわけ。だから、メインに出るんであれば、何があっても自分を光らせないとダメなんだ。

――その後の展開は、1999年4月10日、東京ドームで蝶野正洋選手と新日本初の電流爆破マッチで対戦して両者KO。同年8月28日、神宮球場大会ではグレート・ニタVSグレート・ムタの「ノーロープ有刺鉄線バリケードマット時限装置付き電流地雷爆破ダブルヘルデスマッチ」で対戦して、ニタが破れました。

蝶野もチキンだよな。あいつ、防弾チョッキみたいな上着着て来たからね。そりゃあ被爆したら、皮膚が裂けて、背中に穴が開いたり、大ヤケドすることもあるよ。でも「お前はプロだろ?」って言いたいよな。必要以上にビビるから大ケガするんであって、しっかりぶつかれば、ダメージは最小限に留められたりするんだよ。そういえばあの試合のときも、俺が「東京ドームでまたタバコが吸いてぇ」って言ったら、大きな灰皿を持ったスタッフが花道の下で俺について回ってたんだよね(笑)。吸殻が捨てられたら、すぐに拾えるようにって。あれはあれで気持ち良かったな。

――大仁田さんと蝶野さんの電流爆破は、テレ朝の深夜枠の放映で視聴率が9・9%もいったんですよね、

そうだってね。あのときさ、9・9%っていったら驚異的数字だよ。夜中の2時だからさ。もちろん、真鍋のおかげでもあるんだけど、そこで「世間に届くものと届かないもの

との違いだ」って話をしたような気がする。だから当時、三沢（光晴）のノアにも「今度、出してくれよ」って頼んだんだけど、「やっぱり大仁田のネームバリューにはかなわないから」って言っていたらしいよ。俺に食われちゃうから、関わらないようにしようみたいなニュアンスだったんだろう。

——蝶野さんとの試合後、「T-2000」（蝶野、天山広吉、小島聡、ヒロ斎藤、邪道、外道、ドン・フライ、スーパーJ、スコット・ノートンら）と共闘しましたが、どうして蝶野さんと組むことになったんですか？

わかんないな。蝶野が浮いてたんじゃないのかな？　nWoをあのまんまやってても、ずっとは続かなかったんじゃない。それで永島さんからオファーがあったんだけど、あのころはギャラも良かったからね。ドームに上がると、1000万だったよ。横浜アリーナも1000万。地方興行でちょっと殴り込んでも、交通費別に100万だったよ。地方でも100万だぜ。それ思うと、今の俺って何でこんなにギャラが下がったんだろうって、悲しくなってくるよ（苦笑）。

――それだけ払っても、元が取れていたっていうことですか。

そうだろうね。

今だから語れる長州の汗で濡れたTシャツ

――当時の新日本の選手って、ストロングスタイルというか、長州スタイルというか、「俺が、俺が」っていう同じようなスタイルの選手ばかりの印象でしたから、大仁田さんの存在はいい味付けになったんじゃないですか？

俺って、存在的に味の素みたいなもんだよね。調味料なんだけど、ちょっとピリッと辛い、山椒が効いてるっていうか。そのピリッと辛いところが、猪木さんは気に食わないんだと思うよ。そりゃそうだろう。俺、山椒どころか激辛の赤唐辛子が入ってるからさ（笑）。唐辛子の辛さを自分のところのお客さんに伝えることに手を貸したらさ、ストロングスタイルとしたらまずいじゃん。猪木さん、こう言ったらしいよ。「あの男は負けても這《は》い上がってくるからな」「あいつは負けても負けないんだ」って。だから、藤波辰爾社長に命令して、俺を新日本から追い出したの。事件を起こした小川がビッグマッチ要員になったというのもあったから。俺、神宮球場大会でのムタとの試合後、10カ月近く試合から干されてたからね。

――ムタとの試合の前の6月30日、大仁田さんは海老名大会に訪れて、直談判していますよね。リング内でトレーニングをしている長州さんに嘆願書を手渡そうとして、そこで長州さんからフェンスを「またぐなよ」と制止されました。

「またぐなよ」って言われたって、またげないよ。リングには新日の選手が10人ぐらいいるんだよ。越中がいて、佐々木健介、練習生とかが10人だよ。そこでまたいだら、またボコボコにされるって。そんなの、俺にだってわかるよ。そんな状況で言いたいこと言って、しまいには「またぐなよ」って言ったのが、今や長州の名言みたいになってるんだから困るよなあ。でもさ、永島さんは俺と長州の遺恨をこのまま終わらせたくはなかったんだ。だから、マスコミが飛びつくようなきっかけを何か作ろうとずっと考えていて、それであの汗つきTシャツを持ってきたんだよ。あれ、長州も知らない、永島さんの独断アドリブだったからね。

——その後の11月12日、後楽園ホールでの大仁田興行に永島さんが現れ、大仁田さんの控室で「汗で濡れたTシャツ」を手渡して、「これが長州のメッセージ代わり」と伝えたというアレですね。

あのTシャツを受け取って俺は「長州の匂いがする」って言ったんだけど、あれ、実はもともと乾いてたんだよ（笑）。乾いていたからトイレに行って水で濡らしたの。水を付けることで匂いが立ち上がるわけ。だからあれは汗じゃなくて、無理やり水で匂いを出させたんだ。そのときも真鍋がインタビューに来てたから、俺はその濡らしたTシャツを持って「山は動いた」「『お前と戦うために本格的に練習してるぞ』という長州からのメッセージだと受け止めた」とか言ってテレビでアピールすることができて、実現に向けてまた動き出したわけ。実際は、長州はまだ対戦を決意してはいなかったんだ。新日本の内部で、猪木派と長州・永島派がぶつかっていたというのがひとつ。武藤、橋本、蝶野、健介とかも、一度辞めた長州がまた主役になられたら面白くないっていうのもあったんじゃないか。でも、あれが放送されてマスコミに大きく取り上げられたら、そういう機運になってきたというか、長州も気持ちが変わってきたみたいだよね。

――長州力の「汗つきTシャツ」に関連して、大仁田さんの7度目の引退の前、対戦相手のケンドー・カシン選手がNOSAWA論外選手に託した、藤田和之の「汗が染み込んだグローブ」が大仁田さんに届いた場面を思い出しました。

ああ、あったよ（笑）。インタビューの撮影中、突然、藤田和之の汗が染み込んだグローブだって論外から渡されてさ。あれ、カシンが考えたんじゃないの。だから俺も咄嗟に「これは俺と対決する藤田和之の汗の匂いだ。引退試合、藤田和之もケンドー・カシンも俺も逃げないからな」って言ったんだよね（笑）。

猪木は「大仁田とは絶対に絡むな」

――汗つきTシャツのあと、長州さんを引き出すまでに半年以上かかったのは、猪木さんが「大仁田を絶対に上げるな」という姿勢を崩さなかったからだったんでしょうか？

そうだよ。「大仁田とは絶対に絡むな」っていう。橋本真也とZERO1を立ち上げた中村祥之というのがいるんだけど、その中村が新日本の営業の責任者だったときに、営業部員が10人ぐらい集まって、「大仁田を上げたほうが絶対にお客が入る。みんなで猪木さんに嘆願しよう」ってやったらしいんだよ。それで「大仁田さんを上げましょう」って猪木さんに直訴したら、猪木さんは「大仁田を絶対に上げるな。上げようと思う人間は手を挙げろ」って言ったんだって。結局、「はい」って手を挙げたのが中村だけだったらしい。あとは、誰もついてこなかった。永田町の「加藤の乱」と一緒だよ。これ、鳩山邦夫さんに聞いたんだけど、前日深夜まで加藤紘一さんと「俺は行くからな。一緒に行くぞ。今変えなきゃ、いつ変えるんだ」とかやってた人たちが、後ろを見たら誰もいなかったんだって。小泉（純一郎）さんなんか一生懸命、「行け、行け」みたいな特攻隊長みたいな感じで一番推してたのにいなくなっていたっていうんだからさ。

――猪木さんの一言で、誰も手を挙げられなかったということは、当時はまだ猪木さんの権力は新日本では圧倒的な存在だったのでしょうか？

そうだよ。だから「大仁田さんを上げましょう」って言ってたやつらが、誰もついてこなかったんだ。中村の後ろには誰もいなかったんだよ。9人いなかったんだから。

――営業部員からしたらおいしい話ですよね。チケットはばんばん売れる、売り上げとして間違いなく見えていますからね。

当時はまだ会場周りにダフ屋がいたから、あの試合、横浜アリーナの1万円のチケットがダフ屋だと47万まで上がってたって聞いたよ。あっという間に1万8000人超、満員札止めになっちゃったんだから。でも、カード自体はメインイベント以外はひどかったよね。チケット売れたから武藤や蝶野も出場しないし、長州派の選手だけで組んだから、安く作ったっていうかさ。長州はさんざん渋っといて、一番おいしいところを持っていっちゃった。そうだ、それで永島のおっさん、まだ俺に200万払ってないんだよ。まあ、もういいんだけどさ。あれは相当、利益が出たよ。興行もだけど、PPV（ペイ・パー・ビュー）。課金制のコンテンツ視聴）だけで1億いったんだって。長州VS大仁田はCS放送スカイパーフェクTV（当時。現スカパー！）による日本初のPPV生中継だったんだ。今やったら10億はいくかもね。配信技術が進んでるし、全世界にも発信できる。だから、俺がFMWで川崎球場とかでやっていた全盛期時代も、YouTubeとかでやっていれば毎月5000万ぐらいは入ってきたんじゃないかな。

電流爆破は長州にとって復帰の口実になった

――長州さんとの電流爆破デスマッチは2000年7月30日、横浜アリーナで実現したわけですけど、試合展開は大仁田さんが有刺鉄線にボディスラムで投げられたりして5回も被爆した末、長州さんのサソリ固めでレフェリーストップ負けとなりました。長州さんは1度も爆破を浴びなかったですね。

「絶対に復帰しない」と断言していた長州が俺の存在を認めて、電流爆破にOKを出してくれた時点では、長州に感謝すると同時に「勝った」と思ってたんだけど、試合の内容に関しては不満だらけだよ。超満員のお客さんが何を見に来ているか考えたら、何度も言わせてもらうけど、長州はチキンだったんだ。蝶野も防弾チョッキみたいなの着てきたからチキンだなと思ったけど、長州が有刺鉄線に当たらなかったことは「あいつの弱点になる」

と思ったね。プロレスは臨機応変なんだよ。

——でも大仁田さんのことを「あいつはなんの価値もない男」と言っていた長州さんが、試合後には「大仁田の勝ちだよ。あいつの執念に負けた」と話していました。

そりゃあ、あれだけ稼げれば、なんとでも言うんじゃない。

——結局、長州さんはその前の年までリングに上がっていたわけですから、大仁田さんとの電流爆破が復帰のためのいい口実にもなったわけですよね。大仁田さんがいなかったら、復帰するタイミングが計れなかったということにもなるんじゃないかと。

そうそう！　引退したといっても、いつも走っていたみたいだし、ずっと体を鍛えていたっていうから、たぶん、自分でもリングに上がりたかったんじゃないの？　だけど大義名分がなかったんだ。引退した人間がもう1回リングに上がるのは、そこのトップの人間に「やってやる」って言っても説得力ないし、普通のプロレスになっちゃうからね。お客さんもそんなの見せられたってつまんないよな。俺みたいなのがギャーギャー騒いで、いかにも「しょうがねえな」みたいな感じで復帰するのが一番いいんだよ。

――長州さんの最近のインタビュー記事によれば、引退後、シリーズに帯同して現役時代と変わらない練習をやっていたら、自分がリングに上がって見せられることがあるんじゃないかと思い始め、そこに大仁田さんから新日本へ参戦したいというオファーが入ったので「材料」ができたと。アクが強いキャラだから、団体的には避けてくれっていう人たちもいたけど、興行的に考えればやりきれると判断した。それで引退から2年半で復帰したのだそうです。

今考えたら、俺、よくああいう堅い人ばっかりの新日本に上がってたもんだよね。新日本プロレスって「魔の新日本プロレス」っていってさ、Uインターとか、いろいろな団体の選手をリングに上げさせるけど、結果的に絶対潰すじゃん。だけど、俺って、あんまり潰されていないような気がするんだよね。存在感は示せてたしさ。逆に、興行の成績も上げちゃったからね。そうだよ、やっぱり「200万返せ」って言っといて、永島さんにどこかで会ったら（笑）。でもさ、意外とせこいんだよ。あれで味をしめたのか、長州は「やれるだろう」と思って、新日本を辞めてからWJとかを作るんだよ。結局、うまくいかなかったんだけど。

――でも、その原因を作ったのは大仁田さんじゃないですか？　長州さんは2001年2月に現役に本格復帰。でも大仁田戦を強行したことで、長州さんは猪木さんから現場監督を解任されてしまいます。新日本を格闘技路線へと舵を切らせたこともあって、4月に長州さんは新日本を離脱。2003年3月にＷＪプロレスを旗揚げしたわけですから、まさに「大仁田の毒」が長州さんの人生を変えただけでなく、新日本をその後の暗黒時代へと導いたというわけですよね。

あ、そういうことか。でもさ、俺のこと散々けなしておいて「やっぱり集客を考えたら必要」って何なんだよ！　俺、国会議員のときにもＷＪに呼ばれたからね。あれも本当に手のひら返しとしか思えないよ。

――大仁田さんは2001年7月の参議院選挙で当選して、一期6年、参院議員を務めていたわけですから、新日本と長州さんが一番大変な思いをしているときに「先生、先生」って呼ばれていたんですよ。

そう考えれば留飲も下がるかな。確かに、長州との電流爆破を実現させて、何か新しいことをと思っていたときに、自民党から俺が「若者に人気があるらしい」ということで声がかかって、1年後には国会議員になってるんだもんなあ。さかのぼれば、これも真鍋のおかげかもしれないね。

長州のＷＪはなぜうまくいかなかったか

――選手としても出場経験がある大仁田さんから見て、ＷＪはどうだったんですか？

あんまり面白くなかったね。パッとしなかった。選手がみんな同じようなことしかやらなくてさ。

――ＷＪを作っても、長州さんは猪木さんをまねて、リングからなかなか引かなかった。上でやり続けていたから、新鮮さがなく、未来が見えづらくなってしまったという感じだったんでしょうか？

そういうことだよ。団体トップのまねっていうのは、どこにでもある問題だと思うんだけど、まず馬場さんと猪木さんの大きな違いっていうのは、猪木さんは常にトップじゃなきゃいけなかったんだよ。メインイベントを張ってないといけない。馬場さんっていうのは、自分が引くことを知ってる。自分がちゃんとある程度のところに来たら、あとは下がって、例えば（ラッシャー）木村さんと組んでお笑い路線を走ったりもできるわけよ。まあ、あれに関しては、王道っていってても「お笑いが王道なのかな」って首を傾《かし》げたくなるときはあったけどね。馬場さんを引き継いだ秋山（準）君も、馬場さんをまねして王道をやろうとしたけど、馬場さんのようにはできなかった。あれはあくまで、ジャイアント馬場さんっていう一代限りのキャラクターのものだったんだから、誰にだって無理だよ。馬場さんの存在感って半端じゃないんだから。

――2メートルを超える肉体あってのものですからね。

外見からして目立つからね。外を歩いていたりしただけでも、みんなびっくりするもんね。ちょっと話がズレるけど、ハワイに行ったときなんか、現地の人たちが馬場さんのことを俺に聞いてくるんだよ、「彼はムービースターですか？」って。外国人から見ても、ただ者じゃない。やっぱり、日本人で一番稼いだレスラーって、ジャイアント馬場さんじゃないの。「テラをきる」っていう言葉があってね、これは相撲用語で「盗んだ」「ピンハネ」したっていう意味なんだけど。１００万円あったら90万円取っちゃうとか、それを「テラをきる」って言うの。馬場さんが最後に日本に帰って、力道山からもらったのが５００万だったんだって。そのとき、馬場さんが言ったらしいよ、「アメリカで、そんな額とは聞いてないよ」って。

――テラをきられたってことなんでしょうかね。馬場さんが力道山さんにお金を貸していたんじゃないかって噂は聞いたことがあります。

貸していたというかさ、返してもらえてないんだから。

――ＷＪはどうすればよかったと思いますか？

いっそのこと、健介が長州に噛みつけばよかったんだよ。団体がなくなってから金返せって噛みついても遅いんだって。選手には2通りのパターンがあって、トップでやらなきゃいけない選手と、俺みたいに臨機応変に、上に上がったり、下でもできる選手がいる。馬場さんもそれができるんだよ。なぜ俺ができるかというと、そういう馬場さんの下で育ったから。あとは存在感で見せるわけ。木村さんなんかもそうじゃん。国際プロレスのエースだったけど、全日本ではもう、ほとんど何もしてないんだよ。もう全然。「こんなに何もやらなくていいのかな」と思うぐらい。でも存在感はあったなあ。

好き勝手に攻めて被爆を避けた長州

——先日、大仁田さんを小学生のころから見ていて、憧れが高じてプロレスラーになったという大日本プロレスの谷口裕一選手のデビュー25周年興行を拝見したんですが、大仁田さんはすべてにおいて谷口さんに見せ場を譲っていた感がありました。

谷口のメインイベントだし、俺は主役とは違うんだから。目立っちゃいけないけど、会場を盛り上げることはできたね。

――でも、存在感ありましたよ。

別に中心にならなくても、存在感だけで見せればいいんだよ。確かに猪木さんも存在感っていうのはすごくあるんだけど、猪木さんの場合はね……。新日本で育った人間っていうのは、やっぱり「自分がトップじゃなきゃいけない」っていうのがあって、やっぱりそういうのが強いのかな。自分が下がることを知らない。存在感で見せるだけじゃ不安なんだろうね。

――それはよく聞きますよね。実際に長州さんと試合すると、やっぱりそんな感じでしたか？　「俺が、俺が、俺が」って。

だってそうじゃない。あんなさあ、好き勝手やって、被爆は全部俺にやらせて、自分は電流が止まったあとに、当たったようなふりをしてさ。いい加減にしろよって！　爆破食らいながら俺は横目で見ていて「おまえ、いい加減にしろよ」って思ってたよ。やっぱり噛み合わないよね、俺とはさ。俺は「プロレスは受け身だ」と馬場さんから教えられたから。ああいう自分勝手に攻めることだけでしか自分を表現できないスタイルとは噛み合わない。

――大仁田さんは長州さんと、じっくり話したこととかあるんですか?

テレビで1回対談したけど、プライベートではないよ。1回もない。大仁田劇場をやった真鍋とも1回もちゃんと話をしたことはないんだ。新日本の関係者とも、ちゃんと話したことなんかないもん。永島さんだって、マネージャーが全部やってたから、ろくに会ったことないし。佐々木健介と闘うのも初めてだった。蝶野と闘うのも初めて。グレート・ニタとムタが闘うのも初めて。全部、初めてだった。

――そんな関係だったのに、よく長州さんは大仁田さんに「WJに上がってくれ」って言えましたね。

たぶん、永島さんのアイデアだったんじゃないの? 永島さんってくせ者だぜ。くせ者もいいとこだよ。プロレスの営業部長って変わり者が多いからね。俺、すべてのプロレスファンに言いたいよ。「絶対、プロレスには投資するな！」って。スポンサーなんてやめといたほうがいい。ぴあとかだと実際売れたチケットの数がわかるからいいよ。でも団体の営業って、中には本当のこと報告しないのがいたからさ。「これだけ売れましたので、サービスで30枚付けました」なんて会社には言っといて、その30枚を自分で売ってポケットに入れてもね、こっちはわかんないわけじゃん。そういうのはしょうがないなと思うしかないんだけどさ。

——そういうおいしいことを覚えると、やめられなくなる人もいるかもしれませんね。

やめられなくなるんだよ。ＦＭＷの絶頂期なんて、後楽園とかは当日券がもう数分で売り切れてたわけ。後楽園とかはごまかしは利かないけど、地方に行ったら当日券なんて何枚売れたかわかんないんだ。「当日、何人入りましたか？」って税務署が見てるわけじゃないから。だから、当日券を買いに来た人にサービスで確保したぶんを売ったりしちゃうんだよ。だから、プロレス界の営業担当はくせ者なんだよ。

――永島さんと最後に会ったのはいつごろですか？　もう10年ぐらい前ですか？

そうだね。１回対談すっぽかしたからなあ。永島さんとの対談、何か気が乗らなかったからやめたんだよ。あの人、相変わらず偉そうだったから。何が偉いんだか俺にはよくわからないけど。上から目線で「大仁田が――」って言うでしょ。あれ、よくわかんない。まあ、別にいいんだけどさ。今、あんまり金持ってないんじゃない？　大変だよね。新橋の安い飲み屋にいるって聞いたことがあったな。ＷＪの借金は払い終えたのかな？　でも長州と永島さんは切れちゃったみたいだね。金の切れ目が縁の切れ目とかいうからなあ。

――ＷＪでギャラを払ってもらわなくて怒っていた選手もいましたが、大仁田さんは、ちゃんともらえたんですか？

俺は最終的にもらったよ。だって、国会議員に未払いはまずいんじゃない？（笑）。

第4章
大仁田少年、全日本プロレスへ

「人生1回きりじゃ」とオヤジは言った

――ここで時代を翻《さかのぼ》って、大仁田さんの原点、その生き様に多大な影響を与えたという祖父の大仁田半次郎さんについてお伺いしたいのですが。あまり知られていない話のようですけど、半次郎さんは「大仁田風呂敷屋」を一代で築き、長崎一の大金持ちにまで上り詰めた方なんですよね。

そう。もともとは呉服屋の丁稚奉公だったんだけど、井戸端で体を洗って、金を貯めて反物を仕入れて、オランダ船に乗ってインドのカルカッタまで売りに行ったんだよ。それと外国人が好む柄の浴衣を、アメリカ商館とかへ売り歩いて財を築いたんだ。当時、長崎には東インド会社の支店とか外国の領事館もあったから、馬車引きに英語を教えてもらったんだって。オランダ船に乗ってインドで取引先を見つけにいったのが明治の末って言ってたかな。あのころでは誰も考えつかないことをやりだしたんだから、その辺のバイタリティの血というのは、俺にも流れてるんだろうね。不思議なことに、売り上げは不動産じゃなくて全部現金で持ってて、当時は横浜銀行に外為があったから、そこへ当時のお金で

５００万円も預けていたって聞いたな。今の価値で言えば20億以上になったんじゃないかな。

――なので、その孫の大仁田さんは、本物のお坊ちゃんだったんですよね。

お坊ちゃんもいいとこだよ（笑）。お手伝いさんが何人もいて、俺、「靴ひもすら結んだことない」とか言われてたけど、パンツさえ自分で穿《は》いたことなかったからね。家族のことは「おとうちゃま」「おかあちゃま」「おじいちゃま」って呼んでて、朝メシから鯛の活造りとか出たこともあったよ。外食するときは、蝶ネクタイして由緒正しい店に食べに行ったりね。「寿司はここ、ステーキはここ」って食べ物屋も決まってたんだ。長崎のレストラン「銀嶺」なんかにもよく通っていたから、小学校上がったばかりなのにフィンガーボウルとか普通に使えてたよ。

――そんな裕福なご家庭に育った大仁田さんが、中学生のときは新聞配達をしていたと聞いたのですが、それはなぜなんですか？

親の離婚があって、俺は長男だからオヤジに引き取られたんだよ。二度目のおふくろに金をもらうわけにいかないし、それだったら、自分で稼ごうと思って。だから、修学旅行の積立も、全部自分で貯めたんだよ。弁当も自分で作って学校に持ってってたりしてたし。当時から自立していたっていうか、自分で自分のことはやってたよね。なぜそうなったかというと、オヤジ、大仁田平八郎がとんでもない道楽もんだったの。ジイさんが亡くなって財産分与したとき、オヤジは長男だったから一番多くて、何十億っていう遺産をもらったんじゃないかな。なのに、それを3年くらいで使い果たしちゃった男なの。突然、「おい、厚。ボウリング場を買ったから行ってこい」って言いだすんだからさ（笑）。でも、ボウリング場に行くと誰も投げてない。ボウリングブームが去ったあとだったから、誰も投げになんかこないんだよ。そこで俺一人で投げて、レストランでステーキ食って帰ってきた。そういうでたらめなこと平気でやるんだ。「おい、クラブ作ったから来い」って言われて一緒に行ったら、女の人が入口に30人ぐらい並んでる。それで「これが俺の息子だ」とか言いながら、中に入っていってね。ただの思い付きというか、子供心にも「何でこんなことやるんだろう？」みたいなことを次から次にやるんだよ。

――そのクラブには勝新太郎さんとか、有名芸能人が多数遊びに来られたのだとか。

そうだね。長崎では伝説になってるナイトクラブ「孔雀園」っていうんだ。ウチは山と全部含めて不動産が3万坪ぐらいあったんだけど、そこにナイトクラブを作るわけでね。庭園があって、池があったり超豪華だったよ。その時代にそういうところは他になかったから、勝新太郎さんを筆頭に、長崎に来た名だたる有名人はみんなそのクラブに来たね。そこにはフィリピンバンドもいてね。オヤジ、昔は国産のクラウンか何か乗っていたのに、そのバンドマンの一人が運転するキャデラックに乗りだしてさ。「オヤジ、どうしたんだ、この車?」って聞いたら、「買ったんだよ。男はな、人生1回きりじゃ」とか言うのよ。すべてがそういう感じで、それで失敗するんだから、俺は子供ながらに思ったんだよ、「この人から財産っていうのは、もう受け取れないな。もう自分で稼ぐしかないんだ」って。それを子供ながらにも日に日に感じてたわけ。

家の敷地内にテントで家出をする

――「男はな、人生1回きりじゃ」という言葉は、大仁田さんと一緒のような気がします。

そうなんだよ、そこがつらい（笑）。オヤジは結局、お金を全部使い切っただけでなく、興行の代金とかの未払いが数千万くらいあってね。それをあとで俺が建て替えたりしたもんだから、俺のほうがオヤジに何千万も金貸してたくらい。でも反省なんてまったくなくて「男は胆力だ」とか言ってるんだよ。悪びれず平然としてるんだから、よくわかんないよなあ（笑）。普段の連絡はまったくないんだけどさ、金がなくなると電話をかけてくる。俺が参議院議員のときにも電話かけてきて、委員会に出ていたら秘書から「お父さんから、緊急の電話です」っていうからしょうがなく「はい」って出たら、「おい、厚、元気か？ちょっと相談がある」って会いに来るわけ。杖をついて体もふらふらしてるんだけどさ、「厚。もう俺は長くない。申し訳ないけど、ちょっと貸してくれないか」って。しょうがないから俺もまた貸しちゃうんだけどさ。

――わかりやすいタイプですね。

でも、3カ月ぐらいするとまた連絡してきて、「厚、ちょっと相談がある」とか言うわけよ。「ヤバイな」と思いながらも会うと、真剣な顔で話すんだよ。「厚、俺はもう長くない」って。「長くないって、あとどのぐらいなんだよ？」「いや、もう1年もつか……悪いけど、もう1回だけ保証人になってくれ」って。それに俺もほだされちゃって、出された書面を読んだら、「返済期間10年」って書いてあるんだよ！　まあ、そういうオヤジだったの。

――お父さんから電話かかってくると、嫌な予感しかしないわけですね。

だけど俺、恨んだことはないね。あ、2回だけ殺したいと思ったことはあったかな。「もう、ぶっ殺してやる！」って怒鳴ったんだけど、オヤジ、そこで涙をぽろっと流したんだよ。「厚、殺せ。俺はろくなもんじゃないけど、おまえを自由に手放して、日本一周行かせたじゃないか」とか言って。そのときはよくわかんないけど、また何かにほだされちゃったんだよ。そこまで憎めなかったというかね。今の世の中って親を殺す子供がいたりして殺伐とした時代だけどさ、ああいうオヤジだったから俺はよかったのかなって思うよ。あの生き様から学べたところもあったんじゃないかって、今の俺を見てると思うところはあるな。

——今の年齢になって、改めて「自分は父親に似ているところがある」と感じるところもあるわけですか？

なんか似てますねえ（笑）。でもさ、「おい、厚。新聞配達で稼いだ金、幾らもろうた？」って訊いてきて、「6000円だよ」って言ったら「おい、貸してみろ」って言うの。「明日、競輪に行く。これが10倍、20倍になるぞ」だって。嘘ばっかだよ（笑）。結局、スッテンテンになって帰ってきやがって、「おい、厚、男はな、しょうがない、そういうときもあるんだ」とか言ってさ、わけわかんねえよ。博奕の種銭に子供が稼いだ6000円持って行くなよって話だよな。

——毎日、一生懸命、早起きして新聞を配って得たお金を。

だから、そういうオヤジに反発して家出したこともあったよ。中学のころだったかな。侯爵とかが住んでいた大きな別荘に住んでたんだけど、それってジイさんが買ったんだよ。子供のころ、バスに乗っていたときによく見てた建物でさ。デカイからバスに乗ってる間ずっとその別荘が見えるんだ。「あんな大きな家に誰が住んでんのかな？」って思って見てたよ。まさか、そこに自分たちが住むことになるなんて思わなかったね。笑っちゃうくらい大きな家で、最初の門から母屋まで歩いて10分近くかかるの。庭の途中に川が流れてるから、そこに架かった橋を渡って、さらにまだ歩く。家出っていっても、その大きな家の敷地の中で家出したんだけどさ（笑）。オヤジへの反発と「一人で生きていくんだ」という自立心みたいなものが芽生えてたころでね。母屋からかなり離れた庭の隅のほうに自分でテント張って、そこで自炊するっていう家出だったんだけど。

長崎県の全中学生が知る存在になった

――家の中で家出したわけですね。

笑っちゃうよな。するとある日、寝泊まりしてたテントが盗まれたんだよ。家の敷地の中っていっても、塀で囲われてたわけじゃなかったから、傍《はた》から見ればポツンとテントがあっただけだし、誰でも盗れる場所ではあったんだけどね。それで頭にきて、俺、桜馬場中学なんだけど、その土地には桜馬場に行く生徒と、小島中学に行く生徒がいるので、俺

「絶対、小島の生徒の仕業だ」と思って、朝、奴らを待ってたの。2～3人をとっ捕まえて、具体的に何やったかは言えないけど、多少制裁を加えてやったんだよ。大ケガするようなことじゃなかったんだけどさ。胸ぐら摑んで「テント盗んだの誰なんだ？　誰だ？　言え！」ってやっても答えなかったんだ。で、その後、知らんふりして学校に行ったら、先生が「おい、大仁田。何かしたのか？　校長が呼んでるぞ」って。それで校長室に行ったら、「今から小島中学に行って謝ってこい」って言われて、小島中学の全校生徒の前で謝らされたんだよ。「どうも今日は申し訳ありませんでした」って。

――大仁田さんが仕返しをした生徒の仕業じゃなかったんですか？

それが実はまだ先のオチがあってさ、何十年か経ってからなんだけど、たまたま連れて行かれた飲み屋で「大仁田先輩！」って声かけてきたやつがいたの。「何だ、先輩って？」って言うと「僕、小島中学だった○○です」って言うんだよ。名前聞いたって全然知らないから「へえ、そうなんだ」って言ってたら、「実はあのとき、大仁田さんのテントを盗んだの、僕だったんです」だって！　やっぱり盗んでたんじゃないかよ！　俺、ガクッときたよ。俺が何十年も前に小島中学の全校生徒を前にして謝ったのは、一体何だったんだよ！　さらし者みたいになって恥ずかしい思いをさせられて、先生からは散々怒られてさ。今だと先生が殴れば「暴力だ」とかって言われて手も足も出せないけど、そのときの俺、ボコボコにされてたよ。いつもいつも。今でも覚えてるけど、山崎っていう体育教師だったな。遅刻したときなんかも「全員並べ」って言って、端からボコボコにされるんだよ。殴られて鼻血がバーッと出て、学生服のボタンが全部取れちゃうくらいに。でもその後、生徒も先生も平然と教室に戻って勉強するんだから、よくわかんない時代だったよね。

――大仁田さんは中学校のとき、何か運動とかはされていたんですか？

野球部だった。でも俺の学校の野球部は大したことなかった。その代わり、俺は違うことで、自分の名前を長崎県全体の中学生に鳴り響かせたんだよ。

――何をしたんですか？

校舎の２階から飛び降りてやったんだよ。２階といっても10メートルぐらい高さはあったね。掃除の時間に「ここから飛べるか飛べないか」って話になったの。それで俺が「バカ野郎！　おまえら飛べねえのか。じゃ、飛んだらいくらくれるんだ？」って言ったら「100円やる」って言うんだ。そのとき生徒は32人いた。だから、俺の頭の中で計算が働いて「3200円だな」と思うわけ。「3200円か。やったろう！」ってなって、バーンと飛び降りたの。

──「一人で生きていくんだ」という自立心がそうさせたのかもしれませんね。

まあ、そうかもね。でも飛び降りたら足首が折れて、地面に転がってたガラスの破片が足にズバッと刺さっちゃってさ。痛みと精神的なショックで、まったく動けない状態だったの。それで桜馬場中学校の横に外科の先生がいたから、すぐに連れていかれてガラスを抜いてもらった。先生から「おまえはいったい何やってんだ！」って怒られてね。治療して石膏で足首を固めて、松葉杖も貸してくれたんだけどさ。

そんな状態だったけど、次の日は当然、集金しなきゃならないから、俺は松葉杖つきながら、山を超えて学校へ行ったわけですよ。「おい、おまえら、昨日の約束の金くれ」って。そうしたら学級委員が持ってきて「はい、100円」って言うんだ。「何言ってんの、おまえ！　全部で32人いるんだから3200円だろう！」って怒ったら、「大仁田、話は最後まで聞け。俺らが言ったのは、みんなでまとめて１００円だ」って言うんだよ。そのとき俺、生まれて初めてわかったの。「ああ、話ってのは最後まで聞かなきゃわからんもんだ」ってことを。

――教訓を得たわけですね。

すごい教訓だよね。人間って、すぐにわかったような気になって、人の話を端折《はしょ》って聞こうとするじゃん。その後の人生に生きる教訓になったよ。それで、これが２階から飛び降りたバカな中学生がいるということで、俺の名前は長崎県全体に鳴り響いたってわけ。その実体験が後々の俺のプロレス人生に、大きな影響を与えてくれたのは間違いない。

歩きで日本一周の旅に出る

――大仁田さんは中学卒業後、徒歩で日本一周に挑んでいます。なぜまた、そんなことを考えついたのですか？

あのとき、高校進学は決まってたんだけど、日本中が「教育が何より大切だ」って方向に向かってた時代だったから、何かこのまま高校に行ってもつまんないなと思ってたんだよ。俺、いっつもつまんなくなるんだ。参議院議員もつまんなくなって辞めちゃったし。つまんないとダメなんだよ。日本一周を思いついたのも、普通の生き方よりもっと濃い生き方をしようって思ったから。日本を一周グルッと歩くことで何かがつかめるんじゃないかなって。歩いてるうちに、どこかに誰か大物がいるんじゃないかって期待もあって、高校入学前に一人で旅立ったの。俺の日本一周話に影響されて自分も歩いて日本一周しちゃったやつとかいるらしいんだよね。

――大仁田さん、出発前に地元新聞社に「行ってきます」って報告に行ったんですよね。

そう。俺、中学のときに毎朝、新聞配達をやっていて、同系列のスポニチも一緒に配ってたの。それで、スポーツニッポン新聞社って名前だけは知ってたから、門司にあったスポーツニッポン新聞社の支局に行って、「すいません。僕、一応、こうやって歩いて日本一周をする者なんですけど、取材してくれませんか?」っていっぱい話して記事にしてもらったんだ。その記事、今もネットで見られるらしいね。そのころから人にアピールするのが好きだったってところはあるね。何でもそうだけど、自分が目立つようにする、自分がやっていることの現実を表現するっていうのが好きだったんだ。

――何事も、人知れずやっていては意味がないということですね。

そうだね。だから「やるんなら大勢に見てもらえなきゃダメだ」と思ってた。スポニチの取材のときは「リュックサック背負って、そっちから歩いてきてください」とか言われて写真撮ったよ。「将来は何になりたいですか？」とかも聞かれた。当時の俺はアメリカに行きたかったんだ。今でこそサッカーとか、ベースボールとか海外で活躍できるチャンスはあるけれど、あの時代は海外で日本人が活躍するのはプロレスしかなかった。唯一、外国に行けるチャンスがプロレスしかなかったんだよ。だから日本一周を終えたら、今度はプロレスでアメリカに行こうと思ってた。

――プロレスは子供のころから好きだったんですか？

プロレス、よく見てたよ。日本プロレスのBI砲、馬場・猪木組の試合とかね。『ゴング』『プロレス&ボクシング』（現・週刊プロレス）とかも買ってたけど、ボクシングには興味なかった。プロレスはおもしろいと思って、好きで憧れてたもん。ブルーノ・サンマルチノとペドロ・モラレスの試合がニューヨーク州条例で時間切れ引き分けになったとか、そういうのにも憧れたね。単純にかっこいいなって。子供ながらに、マディソン・スクエア・ガーデンに1回上がってみたいなって思ってた。もっと言えば『ウルトラマン』を見て正義の味方に憧れたというのが原点かもしれない。今のプロレスはベビー対ベビーもあるけど、当時は正義の味方と悪役みたいにまるっきり分かれていたから、正義の味方のほうになりたかったんだ。

——日本一周のスタート前から、次はアメリカだと決めていたわけですね。

日本一周は進学する高校を決めてからすぐに出発したの。中学時代の同級生何人かと担任の先生が見送りにきてくれて、長崎県庁前から出発したんだ。（国道）34号線通って、ずっと歩いて福岡に出て、小倉で関門海峡の下の通路を通って、それで中国地方に出てね。山口県に入って下関に着いて。冬場は山陰のほうを抜けて、夏場になったら太平洋側に出ようと思ってた。でもさ、歩いたら広いんだよ、日本って。そのうち「お金が足りない。このままじゃお金がなくなるな」と思って、一度、神戸に留まって工場で働いたり、いろんなことをしてお金を稼いだんだ。それでまた出発しようとしたところで、長崎の家に電話したら、つながらなかった。「おかしいな」と思って、当時はまだ大仁田風呂敷屋をやっていたから、その関係の人に電話して新しい電話番号を教えてもらったの。そこへ掛け直したらオヤジが出てね、「おまえ、帰ってこい」って言うんだ。だから「何でだよ。オヤジ、了承しただろう。自分でＯＫ出しといて、何言ってんだよ。帰れるわけないじゃん」って怒ったら、「……家が焼けた」って。

――実家が火事になっていた？

そうなんだよ！　それで慌ててその日の夜のうちに電車に乗って、１回帰ったんだよ。あのデカイ家もすっかり焼け落ちちゃってさ、一夜にしてオヤジは莫大な財産を失っちゃった。でも俺は日本一周を諦めきれなくて、また引き返してきた地点の神戸まで戻ることにしたんだ。それで電車に乗ろうとしたんだけど、乗り遅れちゃってね。それが運命の分かれ道になった。しょうがないから、しょんぼりしながらオヤジのもとに帰ったら、本当にたまたまなんだけど、オヤジの知り合いに全日本プロレスの九州地方のプロモーターだった人がいることがわかってね。「全日本プロレスのジャイアント馬場さんを紹介するから、行ってこい」とか言われたわけよ。「えっ！　じゃあ日本一周はどうすりゃいいんだ？」ってなったんだけど、オヤジから「おまえ、電車に遅れたってことは、もう日本一周は諦めろということだ。これはチャンスなんだ。おまえが次の世界に飛び出すための！」って言われて「ああ、そういうものなのかな」と。やっぱりアメリカへ行きたいって夢があったからさ、「これは、とんとん拍子にアメリカに行けるんじゃないか」って思ったんだよ。それで日本一周を諦めた。「全日本に行って、アメリカに行こう」って決めたんだ。

和田京平も認めた馬場の大仁田溺愛

――全日本に入門したのは正確には15歳と11カ月。全日本では入門テストとかはあったんですか？

いや、なかった。俺は学生服を着て、オヤジとプロモーターの人に連れられて馬場さんに会いに行ったの。１９７３年10月9日、全日本プロレス1周年を記念した蔵前国技館大会だった。メインで馬場さんと入団したばかりの（ジャンボ）鶴田さんがタッグを組んで、ドリー、テリーのザ・ファンクスと試合した日ですよ。その試合の前に控室にいた馬場さんを訪ねたんだけど、一目見た瞬間「これが世界のジャイアント馬場か！　この世にこんな大きい人がいるのか！」ってビックリしたよ。まるで『ゲゲゲの鬼太郎』のぬりかべのようにデカくてさ。プロモーターとオヤジが入門の挨拶をしている横で、ひたすら頭を下げていたら「おい、坊や、お前やれるか？」と声をかけられて、「はい、やりたいです」と返事をしたら、それで入門が決まったの。当時の俺、56キロぐらいしかなかったけど、即決だったね。

その前に渕さんがちょっといたけど、一度辞めてた時期だったから、実質、俺が全日本プロレス入団第一号選手だった。その日のうちに、東京の目白にあった全日本プロレスの合宿所に連れていかれることになったんだよ。俺、この日は挨拶だけだと思ってたから、心の準備ができてなくてね。でもオヤジは「じゃあ、頑張れよ」って、とっとと帰っちゃったんだ。合宿所といってもマンションの一室を借りていたもので、そこに馬場さんの付き人だった佐藤昭雄さん、鶴田さん、外国人レフェリーのジェリー・マードックが住んでいたの。一晩寝たら翌日から巡業に連れていかれて、そこから荷物を運んだり洗濯したりとか、馬場さんの身の回りの世話をする仕事が始まったんだ。

――レスラーとしては細身だった大仁田さんが即入団できたのは、選手というよりも付き人としてだったんでしょうか？

いや、そんなことないんじゃない？　だって信用しなきゃ付き人なんてやらせてくれないよ。当時の馬場さんには佐藤昭雄さんが付いていて、それで何カ月か経ってから、俺が正式にやるようになったんだ。自分に付かせるって馬場さんの感性だからさ。俺から付き人をやらせてほしいって手を挙げたわけじゃなく、馬場さんの感性に選ばれたんだ。馬場さんは最初は厳しかったけど、最後のほうではそれもなくなって、周りの選手からも「馬場さんは大仁田のことを一番好きだった」って言われてたね。あの和田京平だって俺に「一番好かれてたのってお前だよ」って言ってたし。俺のあとの馬場さんの付き人には、ストロング・マシンの平田（淳嗣）とかが入ったんだけど辞めちゃった。だから、全日本に残ったのは3人だな。越中（詩郎）もいたけど、あいつも新日本行っちゃったじゃん。そのあとは三沢（光晴）とか、川田（利明）とかが入ってきたけど、俺はもう全日本にいなかったから知らない。三沢はちょっとだけ重なってるから知ってるけど、川田とかはほとんどわかんない。俺の悪口言ってたのは知ってたけどさ（笑）。

――15歳で入門してからは、他の選手と同じ量の練習をやらされてたんですか？

ああ、練習はきつかったよ。先輩選手と同じことを全部やらされてたんだからさ。受け身からスクワット３０００回まで、何でもやらせるんだよ。教えていたのは、桜田さんとか、たまに鶴田さんも来たよ。鶴田さんのスパーリングの相手をさせられるんだ。それも1時間ぐらいやるんだぜ。首極められたり、手極められたりとか。それが終わってから「おい、おまえら、３０００回だ」って３０００回スクワットやって。あんなの体にいいわけないじゃん。足元には汗の水たまりができるんだ。最初のころはスクワットをやったあとなんか、もうメシも食えないんだよ。食べても吐いちゃうんだ。でもそのうち慣れてきて、合宿所に帰ってみんなが寝静まったあとにむっくり起きて、さらに一人で追加練習するようになってたな。

――全日本名物というか、トップロープからセントーンみたいに飛ぶ受け身もやらされたんですか？

やらされたよ。だって馬場さんは「プロレスは受け身だ」という人だから、徹底して受け身の大切さを叩き込まれたね。受けがあってこそ攻めが光るのがプロレスって教えられてたから。最初はボディスラムだけでも受けると息が詰まるよ。だから、プロレスを八百長とか言う素人たちには「いい加減にしろよ」って言いたい。おまえらなあ、ボディスラム一発食らってみろよって。完全に息詰まるぞ。全日本は、馬場さんが毎日受け身を徹底してやらせたの。「受けることこそプロレスラーの基本だ」って。でも新日本プロレスはまったく違う。アントニオ猪木さんのやり方っていうのは、自分を強く見せることが第一だからさ、攻撃先行型なんだ。馬場さんの受け身型のプロレスって、どうしてもいろいろ言われるんだけど、プロレスは相手の技を受けないと始まらない。俺はそういうのをイチから馬場さんに教えられて、どんどん馬場さんLOVEになってったからね。新日本プロレスと全日本プロレスの違いを見ていたら、やっぱり馬場さんっていうのはすごいなって思うよ、今でも。邪道とか言われて俺が何にもできないみたいに思われてるみたいだけど、別に普通のプロレスをやれって言われたら普通のプロレスだってやれるんだぜ。それなりの練習量はやってきてるんだから。

――２０１９年11月から始まった「爆破甲子園」でご一緒されているＤＤＴ社長の高木三四郎さんも同じことを言っていました。「大仁田さんって、すごくプロレスがうまい人なんだ」って。

そりゃそうだよ！　子供のころからやってるんだから。だけど、俺はもうハードコア路線を確立したから、そのスタイルをやるしかないじゃん。でも、そこには全日本で培ったベースがあるから面白い試合ができるんだ。ベースのない選手がハードコアやったって、タイミングだとか、いろんなプロレスの要素を知らないから、面白い試合にはならないし、ケガするよ。だから俺は縫い傷はあるけど、ケガは少ないんだ。

――そう言えば、膝をケガする前、ジュニアヘビー時代の大仁田さんは、ブリッジの美しさに定評があって、フィニッシュ・ホールドはジャーマン・スープレックスでした。ブロック・バスター・ホールドとか羽折式風車固めのようなブリッジ技が得意だったんですよね。

今の人が聞いたら、誰も信じないんじゃないの。でも俺、体は柔らかかったんだよ。柔軟性あったから、ひどいケガはしなかった。俺のこと、ただ暴れてるだけのように見てプロレス下手クソだと思ってるけどね、それ違うから。電流爆破とか、俺が火薬のところに当たりにいったりして見せ場を作ってるってこと、あまりわかってないんだよな。まあ、お客さんはそんなこと知らなくていいんだけど、観客を満足させるための技術ってあるんだよ。やっぱりレスラーっていうのは、ただ体を鍛えていればいいってもんじゃない。強い弱いというのも大切かもしれないけど、自分がどんなキャラクターのレスラーで、どうやったらお客さんの感情を揺さぶれるか、喜怒哀楽を伝えられるかって考えないとダメなんだ。それが結局、技術につながっていくんだよ。俺なんか、テリー・ファンクという良いお手本がいたからね。キャラクターを際立たせるためのお手本が。

「おい、大仁田、おまえ、俺を殺すのか？」

——大仁田さんは体重90キロになったことで、１９７４年４月14日、後楽園ホールにて佐藤昭雄戦でデビューされましたよね。佐藤さんは、どういう方でしたか？

佐藤さんは日プロから馬場さんの付き人をやっていて、俺が入門してから馬場さんの付き人が俺に変わったんだ。面倒見のとても良い人だったよ。馬場さんからの信頼も厚くて、俺がいた当時は、馬場さんがマッチメイクを全部やっていたんだけど、時々佐藤さんに意見を求めたりもしていたね。練習も佐藤さんが基本を一から教えてくれたんだよ。三沢たちが入門してくるころまでは、全員佐藤さんに教わっていたと思う。だからデビュー戦の相手が佐藤さんだと言われたときも、心置きなくやれるなって。

――デビュー戦のことは、いつごろ知らされたんですか？

確か5日くらい前だったかなあ。だからコスチュームとかリングシューズもまだ用意できていなかったから、全部、対戦相手の佐藤さんに借りたんだよ（笑）。でもさ、自分で言うのもアレだけど、デビュー戦が後楽園でしょ？　あの当時、後楽園でデビュー戦やれるなんて異例のことだし、プロレス雑誌も俺のデビュー戦を大きく1ページ丸々使って扱ってくれたりしたから、そういう意味では期待されてたんだと思うよ。馬場さんがそうやってマスコミに手配してくれたんだから。

――デビュー戦を迎えるまでに一番苦労されたのは？

あんまりそういうのはなかったなあ。あのころ、渕さんが先に入門してたんだけど、親のことがどうのこうのって理由で、一時的に辞めてたんだよ。それで俺が入って、渕さんがまた再入門して、薗田さんが来るまでは俺1人だったから、俺が入門第一号みたいな扱いだったんだ。鶴田さんは別格だからね。それであのとき、合宿所には外国人のマードックっていうレフェリーが住んでたりして、みんな仲良くて楽しかったよ。鶴田さんにはいろいろうるさく言われたけどさ（笑）。悪意なんか全然なかったけど、いろいろとうるさかったんだよね。あと、小鹿さんは口利いてもくれなかったよ。それが何十年も経った今は一緒に試合してるんだから面白いよね。俺は先輩をちゃんと立てるし、そういうところは大事にする人間だから。

まぁ、苦労で強いていえば、体重を増やすことだったかな。入門当初56キロくらいだったのが90キロだよ。俺、いっぱい食べたからね。新日本プロレスの小林邦昭、全日本プロレスの大仁田厚って言えば、えびすこ（大食い）の強さで二大巨頭だったな。今は見た目をカッコよくしなきゃとかって、みんな摂生したり、サプリ飲んだりしてるけど、そのころは「メシ食って太らなきゃダメだ」って言われるんだもんな。全然違うよ。だから毎日、俺、おひつ抱えて、丼20杯ぐらい無理して食ってた。うまいとかの世界じゃなくて、10杯目くらいからはヤカンの水でただもう流し込んでるだけだった。そんな食い方だったよ。でも太って体をデカくしなきゃならない。新日本は体をカッコよく絞れって感じだったけど、全日本は相撲上がりの選手が多かったから、とにかく食えって。酒飲むわ食うわでさ。育った土壌がまるっきり違うんだよ。俺が90キロになるまで1年かかってないからね。だいたい6～7カ月だよ。もらったお金はほぼ全部食べちまったな。最初は給料じゃなくて馬場さんからの小遣いみたいなもんだったけど、2万とか3万とかもらうと、みんな食い物に使ってたからね。

――大仁田さんは見事な大食いで、東スポの社長から賞金をもらったことがあると聞きました。

ああ、あのときはよみうりランドで全日本のファン感謝デーをやった翌日でね。川崎の体育館で試合があったの。それで試合前に俺、カツ丼とカツライスか何かを3人前食ってたんだよ。散々メシ食ったあとに、馬場さんと一緒に東スポの社長に会ったんだ。そうしたら馬場さんが「この男、すごい食べるんですよ」って俺のことを言うから、東スポの社長が「おお、賞金出すぞ」って言いだしてね。もう腹いっぱいだったけど「はい、食えます」って返事したら「じゃあ、おまえ、スパゲティ食べてみろ」って言われて、今度は10人前来たわけよ、スパゲティ・ナポリタンが。すごい量だったけど、意地で全部食ったよ。それで10万円もらったんだ。

――そんな状態でよく試合ができましたね。

試合前にそんなに食っちゃったからさ、対戦相手だった伊藤正男っていう先輩にボディスラムやられた瞬間に、スパゲティが鼻からビューって出てきたからね（笑）。嚙まずに流し込んでたから、形のまんま出てくるんだよ。しかもナポリタンが真っ白になって出てくるんだから。試合しながら「鼻と口はつながっているんだな」ってこと、今更ながらにわかったよ。あと、俺が若手だったころ、体を大きくしようと思ってプロテインを通信販売で買って飲んでたことがあった。外国人レスラーなんかは、みんなその手のものを使ってたからね。でも馬場さんにそれを見られたら「そんなの飲んでないでメシを食えって！」怒られた。「体をデカくしたければ、コメを食っていればいいんだ」って言われてたよ。

――馬場さんのご出身はコメどころの新潟ですもんね。

うん。「クスリなんか飲んでるんじゃない」って怒られたけど、プロテインはクスリじゃないんだよな。俺がなりたかったのはアーノルド・シュワルツェネッガーみたいな体だったんだけど、あれほどコメ食わされたら、無理だね。全日本に入ったころは、あれこれよく馬場さんに怒られたなあ。一回、「大仁田、俺を殺すのか？」って怒られたこともあったんだから。

――殺そうとしたとかは？

そりゃないよ、さすがに。馬場さんからそう言われたのは、昔の旅館に泊まったときで、そこは部屋に設置されてる暖房がガスストーブだったの。今はタイマーがついていて自動的に消えるけど、そこの旅館にあったのは古すぎて、途中で火が消えちゃうんだよ。何かの巡業で馬場さんの付き人で泊まってたときのことなんだけど、朝になって馬場さんを起こしに行ったら部屋中ガス臭いんだ。そうしたら馬場さんも目が覚めて、ガスが部屋に充満しているのに気が付いた。すると馬場さん、「おい、大仁田、おまえ、俺を殺すのか？」

って真面目な顔して言ってたからね。そんなことしねえよって！　テレビのサスペンス劇場じゃないんだからさ。「ガス臭かったら自分で止めてくれよ」と思いながら、窓を開けてガスを追い払ったんだけど、あのとき万が一、馬場さんが起き抜けで葉巻なんか吸ってたら大変なことになってたよ。

――「馬場、大爆発！」なんてことになっていたら、東スポが放っておかなかったでしょうね。

だから俺、馬場さんの命の恩人かもしれない。まあ、そういうことも含めて、俺と馬場さんとの出会いって、何か運命みたいなものを感じることがよくあったんだよね。

マスカラスを潰したブロディの巧さ

――もしお父さんの知り合いのプロモーターが猪木さんと知り合いだったら、新日本に入った可能性もあったんですか？

たぶんね。でも絶対、猪木さんとは合わなかったと思う。新日本に行ってたら俺もプロレスやってたかどうかわかんないな。あのころ「全日本プロレスは練習しない」「新日本プロレスは、練習の虫」みたいなことを言いやがる記者だか専門家がいたけどさ。何かわざとそういうイメージを植え付けようとしてた感じがしたな。癪《しゃく》に障ったよ。昔は明確に新日本プロレスのイデオロギー、全日本プロレスのイデオロギーっていうのがあった。そのぶつかり合いってのも面白かったんだ。それで新日本のストロングスタイルというイデオロギーにみんなが「飽きたな」と思ってたところに、真剣勝負のＵＷＦが出てきたんだよ。

――大仁田さんは、猪木さんが「俺が世界一強い」みたいなことを言っているのを見て、どう思っていましたか？

どうも思わないよ。猪木さん、そう言いながらもさ、俺と馬場さんがキャピタル東急でお茶を飲んでいたら、それに気が付いてわざわざこっちに来て背筋伸ばして、「馬場さん、お疲れさまです！」ってやってたもん。猪木さんも「俺が強いんだ」ってアピールしながらも、縦の線っていうのは崩せないんだよ。今のレスラーって、そのへんを勘違いしてるところがあるんだよ。俺が世界一だって言ってても、やっぱり、ちゃんと立てるところは立てておくってことなんだ。昔、馬場さんが俺に教えてくれたよ。大木金太郎さんと馬場さんと猪木さんの3人で、焼き肉食べに行ったんだって。大木さんは二人より先輩だったけど、すでに馬場さんと猪木さんのほうが人気があった。そうしたら大木さんが、ずっと1枚の焼き肉を押さえていたらしいんだよ。二人に食べられちゃいけないから、その焼き肉を押さえていたんだ。それで馬場さんが言ってたよ。「大木さんがずっと焼き肉押さえてるんだよ。俺たち、取りゃしねえよ」って（笑）。

——え？　それは、どんな教訓なんですか？

言っててよくわかんないけど（笑）。取ると言えば、引き抜き事件なんか面白かったな。馬場さんって顔に出さないけど、やっぱりわかるんだよ、付き人だった俺には。新日本が（アブドーラ・ザ・）ブッチャーを引き抜いたんだ。あのころって団体間の競争が壮絶だったの。抜かれた瞬間に馬場さんが頭の中で考えたのは「（スタン・）ハンセン、抜こう」ってことだった。それでテリー・ファンク、ドリー・ファンク・ジュニアとかの人脈を使って、ハンセンを取りに行ったわけ。今はもう、団体同士で垣根がないから、外国人レスラーも自由に行き来できるけど、当時は御法度だったからね。

——あとになってからの扱いを見ると、馬場さんは（ブルーザー・）ブロディよりハンセンのほうを買っていたんでしょうか？

ちょっと変わったところはあったからね、ブロディには。プライドの塊みたいな感じもあって、「嫌なもんは、絶対嫌だ」って言って、人に順応するタイプじゃなかった。だから、メジャーにも行けるのに、あえてインディーを回っていたんだと思う。馬場さんはヘビーとジュニアの選手を完全に分けてマッチメイクしてて、俺がブロディと試合することはなかったから、それ以上のことはわからないけど。でも、たまにジャイアント馬場、ジャンボ鶴田、大仁田組でのタッグマッチはあったかな。ブロディは結局、プエルトリコでホセ・ゴンザレスに刺されて亡くなったけど、あの事件も根が深そうだね。ブロディがメキシコ人の（ミル・）マスカラスをまったく相手にしなかったりしたことがあったからね。中南米の選手を軽く見ていたというかさ。でも、ブロディとマスカラスの試合は面白かったな。

――世界最強タッグリーグ戦でのマスカラス、ドス・カラス組VSハンセン、ブロディ組の試合ですね。

うん。俺、実は子供のころはマスカラスの大ファンだったんだよ。それで全日本に入ってから、マスカラスがシャワーを浴びているときに出くわしてさ。脱いであったマスクがあったもんだから、思わずそれを被っちゃったんだよ。まあ、半端じゃなく怒られたな。「何もそこまで」というくらい。あれ以来、大嫌いになった（笑）。マスカラスってわがままだし、自分ばかりカッコつけるスタイルもプロとして見たら付き合ってられないって感じだったからね。だから、世界最強タッグでのブロディがマスカラスを飛ばせないで、メチャクチャに潰したのが俺には面白かった。あの華麗なるマスカラスが、華麗でも何でもなく、加齢のオジサンになってたんだからさ（笑）。ブロディとハンセンがマスカラスのいいところを全部消して、絶対に見せようとしなかったんだから。飛んだって受けないし、酷かったね。観客がどう思ったかは知らないよ。ただ、俺らにとっては面白かったってこと。いいカッコしいのマスカラスが潰されたんだから。馬場さんもたぶん、ブロディたちには何も言わなかったんじゃないのかな。

第5章

馬場と猪木と俺と電流爆破

プロレス辞めてフレンチのコックになる！

――前章で「長州力はチキンだ」という言葉がありましたが、逆に電流爆破デスマッチを一緒にやってみて、「この選手は大したもんだな」と感心したレスラーというと誰ですか？

最初にそう思ったのは、やっぱり天龍源一郎だね。メジャーの選手が電流爆破に上がったのは天龍さんが初めてだった。あの人はリング上でも逃げないで、電流のほうにぶつかっていったからね。「大仁田にできるんだから、俺にもできるだろう」みたいな感じでリングに上がってきて、爆破の洗礼を受けていたよ。天龍源一郎っていうのは「何で俺がこんなことやらなきゃいけないんだ？」みたいな自分勝手で変な定義を持たないで、お客さんに楽しんでもらえるなら何でも受け入れるタイプだからさ。

――確かに、天龍さんはあのブルーザー・ブロディのトップロープからのニードロップも、逃げずに受け止めていましたからね。ちょっと気になったのは、大仁田さんへの過去のインタビューを読むと、大仁田さんが唯一、馬場さんに反抗したのが、天龍さんが入団したときで、馬場さんが天龍さんをエリート扱いしたことに対して反発したとあります。

そうだよ、そうだよ！　やっぱり、そりゃあムッとするじゃん。こっちは15歳から一生懸命、馬場さんの付き人やって、自分の時間を削って世話してたのに、天龍さんは入門していきなり厚遇だったんだ。移動なんかもグリーン車に乗せてもらってるんだから。俺が天龍さんの荷物持たされたりしてたんだよ。ふざけんなって気持ちにもなるじゃん。だから、自分の中で馬場さんに対する反発は確かにあったよ。頭に来たからさ、本当にプロレスを辞めてフランス料理のコックになろうと思ったんだ。

——何でまたフランス料理だったんですか？

よくわかんないんだけどね。俺、料理が好きなんだよ。こう見えて結構うまいんだ。あ、そうだ、何でフランス料理だったかっていうとさ、そのときパッと浮かんだんだよ。フランス料理ってステータスがあったわけ。イタリア料理や中華料理とかとはちょっと違う。どうせ目指すんならトップランクのフランス料理だろうってことだったんだ。そうしたら合宿所に「馬場さんが呼んでる」って電話があったの。

――馬場さんにも大仁田さんが「辞める」と言っているのが伝わったんですね。

それでその夜、馬場さんから当時使ってたリキマンションに呼ばれたの。馬場さんから「おまえ、どうなんだ?」って言われたから、この際、思いの丈を延々しゃべっちゃってね。でも馬場さんて「あー」か「おー」しか言わないから、俺が説得されてるのか、俺が説得してるのかよくわかんないんだよ。何言ってもそんな返事ばっかりだからさ。そもそもあんまりしゃべる人じゃなかったからね。それで話は明け方まで引っ張られちゃって、俺が最後になってとうとう「僕はフランス料理のコックになります」って言っちゃったんだよ。そうしたら馬場さん、俺の目をじっと見て、「おい、大仁田、フランス料理と俺と、どっち取るんだ?」って聞かれたの。

――そこで「フランス料理取ります」とは言いづらいですね。

そうなんだよ。だって俺、そのときまだ16歳の子供だよ! 普通、そこまで子供を追い詰めるか? 究極の追い詰め方だよな。天下のジャイアント馬場とフランス料理の二者択一を迫られちゃうんだからさ。「うわあ、これはダメだ」ってなるよ。もう馬場さん取るしかないじゃん。

――じゃあ「馬場さんです」って言ったんですか？

そりゃ馬場さん取ったよ。馬場さんとフランス料理って、比べる価値観が全然違うよな。それを16の子供に言うかって話だよ。まあ、それでも結局、「さすがはジャイアント馬場」って思ったね。

――馬場さんはそれで納得したんですか？

わからない。でも納得したんだと思うけどな。俺は本当に、真面目な話、フランス行って下働きでも何でもしようと思ってたんだ。あのままフランス行ってたら、俺、「料理の鉄人」になってたかもしれないよ。サービス精神が旺盛《おうせい》だし、発想力もある。前に俺の友だちの渡辺さんっていうロブションの料理長が浅草に店を出して、ミシュランで一つ星か二つ星かもらってるの。それを聞いて、俺もやっときゃ良かったなと思ってさ。すごく後悔してるよ、今思えば「馬場さんよりフランス料理を選びます」って言っておけば、また違う人生があったかもしれないな。何せあのときの俺は弱冠16歳だったんだから、いくらでも可能性はあったわけで。馬場さんに逆らってフランス料理選んでたら、きっと俺は天下を取って、「フレンチの鉄人」とか言われて、みんな尊敬してくれて、こういうプロレス本じゃなくてフランス料理のレシピ本とか書いてたかもね。

——うーん……。それで大仁田さんが「馬場さんです」って答えたら、その後の馬場さんの態度は変わったんですか、少し優しくなったとか?

態度なんか変わらないよ。うん、変えるわけないじゃん。ジャイアント馬場は、ジャイアント馬場なんだよ。

天才・ジャンボ鶴田はプロレスに就職した

——以前、天龍さんに話を聞いたときに、「俺がアメリカから帰ってきて全日本で試合すると、必ず大仁田が俺の試合を見て笑っていたんだ」と言っていました。「相変わらず天龍さんはしょっぱい試合をしてるな」って。

いや、だってしょっぱかったもん。誰が見てもしょっぱかった。相撲からプロレスに来て髷《まげ》を切ったところから「これから自分はプロレスラーになるんだ」っていう思いも相当強かったとは思うよ。でもさ、プロレスは簡単じゃないんだ。昔の試合を見ると、まだパワーボムもそれほど高く上がってなかったけど、鶴田さんと試合をやるようになってからじゃないかな、天龍さん自身が思い描くようなプロレスラーになってきたのは。そういえば俺、WARの興行のときに、WAR対FMWの対抗戦で天龍、阿修羅・原VS大仁田、ターザン後藤をやって、プロレス大賞1994年の年間ベストバウトをもらってるんだよ。俺が天龍さんからピンフォール取って、あの試合は面白かったな。後藤が天龍さんの頭をビール瓶でぶん殴って、天龍さんは病院直行だったんじゃないか。

――「ビール瓶の破片が頭の中に入っちゃって、えらい目に遭った」と天龍さんが言っていました。

熱い男だよね。天龍さんはWARのほうが一枚上だってところを俺たちとお客さんに見せようと思って真正面から来たわけなんだけど、FMWとしても絶対に負けられなかったからね。あの試合、4人とも泥臭い試合やってさ。でもそれがお客さんに響いて、年間最高試合賞だからね。今だと、ああいう試合はできないんじゃないかな。今のほうが技はきれいかもしれないけど、情念みたいなものがぶつかり合うような試合って、最近ないよなあ。天龍さんにしたって、特別に技術があるわけじゃないもんね。申し訳ないけど、天龍源一郎が「ミスタープロレス」って言われているのは、俺の中ではちょっと違う。本当のミスタープロレスはジャンボ鶴田さんだよ。鶴田さんがいなかったら、今の天龍源一郎はなかったんじゃないの？　鶴田さんってやっぱり素晴らしかったよ。技一つ教えられたら、もうその場でやっちゃうんだから。しかもすぐに自分のものにできちゃうんだ。天龍さんなんか、何回アメリカ修行に行かされたかっていう話だよ。やっぱり天才は鶴田さんなんだ。やっぱり、あの一言がすごかったよ。「プロレスに就職しました」って、あの名言どおりだもんな、鶴田さんは。だから馬場さんも、鶴田さんには余計なこと言わないで放ってたんだよね。あの人はゴーイング・マイウェイ、すべてマイペースだから。あれだけ稼いでたって、メシ食うところはその辺の安いラーメン屋だったりするんだ（笑）。もっと高いもん食べられるのにね。

――後輩と食べに行っても割り勘だったと聞いたことがあります。

それ本当だよ。だから「今日、ジャンボさんとラーメン屋へ行くんです」って、グレート小鹿さんに言うと、次の日ニヤニヤしながら聞いてくるの。「おい、どうだった？　昨日のラーメン」「割り勘です」「だろうな（笑）」って。一緒にいるときのジャンボさんは、ステーキとかみたいな高いものは食わないの。ラーメンばっかりだから。それなのにスタミナがすごい。長州力と鶴田さんが戦って60分ドローで引き分けになったあと、控室でスクワットやっているジャンボ鶴田と、もうゴロンと寝て息もできないような状態の長州力っていうこの差はすごいよ。何だろうね、あれ。それほど練習してるわけじゃないのに、しかもラーメンばっかり食べててあのスタミナなんだから。それも、いつも割り勘なのに（笑）。

――鶴田さんは練習しないんですか？

しなかったなあ。筋トレなんかもしないよ。まあ、とにかくラーメンが好きなんだよ。

あと北海道が好きで、札幌なんかに行ったら「ラーメン、ラーメン！」だからさ。それでもね、俺は選手の中で一番好きだったのはジャンボ鶴田かもしれない。わかりやすかったんだよ。昔ながらのっていうんじゃなくて、自ら新たなプロレスのあり方を開拓してきたレスラーだった。新鮮さがあったんだ。日本で下積みをやらないで、いきなりアメリカ、ファンク道場に行ったりしたのが良かったんだと思う。やっぱり元々の素質があったんだよ。資質っていうかさ、すごいものがあったよね、鶴田さんには。

——越中さんの新弟子時代は、いつも鶴田さんにスパーリングでいじめられていたそうですね。

俺もやられたよ。もう、いじいじいじいじ、いじめるんだ（笑）。性格は別に悪いわけじゃないんだけど。当時の鶴田さんは俺たちと同じ目白の合宿所にいて、「道場行くぞ」って声がかかると、山田ジムっていうキックボクシングのジムへと一緒に行くわけ。するとその途中で、山田ジムのすぐ前に蕎麦屋があって、鶴田さんが「おい、蕎麦食うぞ」って言うの。練習前だから俺らは1杯だけ食べるんだけど、鶴田さんは3杯くらい食っちゃう。それで普通に練習しているんだからね。やっぱりよくわかんないよ。何だろうね、あのスタミナは。練習と言っても、あの人は軽い汗がかきたかっただけでさ。
あと、鶴田さんと言えばちゃんこだよ。合宿所が目白から世田谷区砧に移って、そこに道場もできたの。それからは練習後、相撲出身の先輩たちがいるときはアンコウ鍋とかなんだけど、鶴田さんがいるときのちゃんこは毎回、鶏の湯豆腐。たまに牛肉とかを出すと「大仁田め、牛肉買いやがって。鶏でいいんだ、鶏で！」って怒るんだ（笑）。でも鶴田さんのいいところは、俺たちも最初からちゃんこに箸をつけていいってこと。アンコウ鍋とかだと先輩が先だから、俺たちが食べるころには野菜しか残ってない。でも鶏だと安いから肉がいっぱいあって、俺たちも食えたのがうれしかった。

――いい人じゃないですか。

でもさ「食べるのは平等だから」って言うのはいいんだけど、「お金も平等だ」って言って「500円ずつな。おい、大仁田500円、渕500円、（ハル）薗田500円だ」ってやって徴収してたよ。俺なんかよりも何倍も稼いでいるのに、何でも割り勘だったなあ。合宿所で鉄板焼きやったときも、俺らから徴収するんだからさ。そういうところがすごいよね。

俺が馬場家の養子になっていたとしたら…

――あのころって、大仁田さんにとって青春真っ盛りだったんじゃないですか？　渕さんは世田谷の合宿所時代、「ディスコ通いが楽しくて青春そのものだった」と話していたそうですけれど。

渕さんはあのころから若い女の子が好きでね。青春時代……うーん、俺に青春とかあったのかなあ。いつも馬場さんと一緒だったからね。あとは練習頑張ってるばかりだったし。若手時代の俺と渕さんのシングル戦は前座の黄金カードと呼ばれてて、評判良かったんだよ。なのに、ハル薗田が先にアメリカに行ったから「順番違うだろ！」って憤ってたね。あのころは若手三人衆とか三バカといわれたな。当時は、佐藤昭雄さんがコーチで三人にプロレスを教えてくれたの。佐藤さんは面倒見が良かったよ。俺、鶴田さんから一度もおごってもらったことないけど、佐藤さんはよくおごってくれたな。渕さんが俺より4つぐらい上で、次が薗田さんで俺が一番下。いつも一緒だったから、薗田さんが南アフリカで飛行機事故で亡くなったときは驚いたよ。悲しすぎて言葉が出てこなかった……。あ、そういえば渕さんって、まだ結婚してないんだよね？　今も若い女の子が好きなんだろ？　でも、もういい齢なんだよなあ。本当に変わってるよ。

――合宿所が目白から世田谷区砧に移ったのは１９７６年の夏ですよね。

そう。それは鶴田さんが買った家だったんだけど、鶴田さんが全日本プロレスに貸していたの。二階建ての一軒家で庭先に道場を建ててね。で、そのローンとかは全部、全日本が払ってたんだ。広めの一階の部屋に鶴田さんが住んで、二階に俺と渕さん、薗田さんが住んでた。だから、鶴田さんも全日本プロレスに入った瞬間から、財形貯蓄だよ（笑）。すごいよね。俺らみたいに「先のことなんか考えても仕方ない」ってタイプじゃなかったんだから。例の発言のとおり、鶴田さんは本当に「全日本に就職」して、10年後、20年後を見据えて、老後なんかも考えてたんだよ。素晴らしいよな。さすがだなと思ったよ。鶴田さん、本当に徹底してたから。また思い出したけど、合宿所の電話も黒電話じゃなくて、ピンク電話だったんだ。公衆電話で10円入れてかけるやつ。なんでピンク電話かというと、黒電話だと月ごとの料金になっちゃうから、誰がどれくらいの電話料金使ったかわからない。でも、ピンクだと自己負担で、その場で10円入れ続けないと話せないから、月末になると鶴田さんが鍵持ってきて、10円玉の集金するんだよ。ジャラジャラ音を立ててさ。

――鶴田さんは不動産屋廻りにも熱心だったそうですね。土地とか家賃相場とかにもかなり詳しかったと聞いたことがあります。

そこは馬場さんに似てるよね。馬場さんだって、熱海、ハワイ、軽井沢とか、別荘だけでもいくつも持ってたもんね。馬場さんの財産って、みんなで分けたのかな。俺、全然知らないんだよ。でも惜しかったよね。俺があのとき養子に入っていれば、いくらかもらえたかもしれない。あのころは俺も元子さんによく怒られていたんだ。「大仁田君、何やってんのよ!」とか言われてさ。でもね、いまだに思うのは、全日本プロレス最大のヒーローは元子さんだったってことだよ。元子さんが頭がよかったのは、選手や関係者からの会社への不満や悪態とかを全部自分で受け止めていたんだ。そのおかげで馬場さんが悪者にならなかったの。やっぱり元子さんはすごいなって今でも思ってるよ。

――ザ・グレート・カブキさんが以前に出した本の中で「馬場さんはハワイに隠し財産があったんじゃないか」とか言っていたんですけど、そういう可能性ってあるものなんですか？

俺はまったくよくわかんないけど、アメリカに何か持っていたとしてもおかしくないんじゃない。そりゃそうだよ。あれだけハワイにもしょっちゅう行ってたんだからさ。

――そのお金は、ロード・ブレアースさんが運んでいたんじゃないかともカブキさんは推測していました。

どうなんだろうね。まあ、可能性なくはないかもね。だって、ロード・ブレアースなんて、いつの間にかPWFの会長になっててさ、今もたまに来るわけだよ、何かあるごとに。「何しに来てるんだ？」っていつも俺は思ってた。そうか、そういう見方もあるんだ。

――それで一部の全日本のファンがハワイに行って、「おかしいな。この辺にPWFの事務所があるはずなんだけどな」って探したけど、全然なかったらしいです。

あるわけがないよ（笑）。でもさ、そういうことって元子さんは、どのくらい把握してたのかな。よくわかんない。たしかに馬場さんは本当にお金持ってたよ。だって、猪木さんがモハメド・アリとの試合後に20億だか30億だかの借金を抱えて大変なことになっているっていわれたとき、普段そういうことを言わない馬場さんがボソッと言ったんだよね。「おう、大仁田、俺はそのくらいキャッシュで払えるぞ」って。要するに猪木さんの借金の額くらいは現金で持ってるってことだったんだ。そんなこと、馬場さんも俺にしか言わないから、みんな知らないんじゃないかな。だって、あの和田京平が「馬場さんはおまえのことが一番かわいかったんだ」って言うぐらいかわいがられてたんだからね。

馬場を支えた元巨人軍投手のプライド

――大仁田さんは、なぜそんなにかわいがられたのだと思いますか？

わからないよ。元子さんが「馬場さんはどうして大仁田君があんなにかわいいのかしらね」みたいなことを言ったのを聞いて、「女の自分が付いていけないところもずっと一緒に付いていってるから、何かちょっとムカッとしてるんじゃないか」って言ってた人がいたけど、わからないね。話しているうちにまた思い出したんだけど、馬場さんって、ちゃんとした挨拶ってしないんだよ。前にも言ったけどさ、馬場さんとホテルのラウンジでコーヒー飲んでたら、そこに猪木さんが入ってきたことがあってね。「あれっ、猪木さんが来た」って思っていたら、猪木さんが馬場さんの前まで来て直立不動で、「馬場さん、お疲れさまです」って言うんだ。それでも馬場さん、足組んだまま「おう」って言うだけなんだもんな。しかも誰にでもそれだから。今の安倍総理のお父さん、安倍晋太郎さんが「馬場君、どうも」と来ても、「おう」だし、あの天下の高倉健が挨拶に来たときだって、「おう」で終わりなんだ。それが、去年（２０１９年）に亡くなった金田正一さんから、「おい、馬場、馬場～」って呼び止められたときだけは、頭下げて「先輩、お疲れさまです」って。そんな馬場さん、初めて見たよ。

――馬場さんは元巨人軍っていうプライドをずっと持ち続けていたと聞きますね。

そうなんだよ。元巨人のピッチャーとしてのプライドをずっと持ってた。それがあったから、同じ世界にいた先輩に対しては、そんなふうな敬意の表し方をしたんだろうね。だから、大洋（ホエールズ）時代の話はしなかったよ。大洋の2軍キャンプか何かで、大ケガしたらしいんだけど、そのことは話したことがなかったな。やっぱり巨人のことをいつも気にしていたよ。巨人戦もほとんど見ていたね。だから、巨人の2軍キャンプの集まりなんかにも顔を出すんだ。一度、多摩川の2軍キャンプの近くで、OBとかが集まる会合があって、俺が馬場さんのキャデラックを運転して送っていったことがあったの。そうしたら馬場さんが着いた途端、そこにいたみんながわーっと寄ってきてね。馬場さん、それまで見たことのないような笑顔を浮かべていたよ。そこに青田（昇）さんとか水原（茂）さんの姿を見つけたら、あの馬場さんが90度頭を下げて挨拶してるんだから驚いた。馬場さんが頭下げるのって、巨人の大物OBと元子さんのお父さんぐらいだったんじゃないかな。

――馬場さんは3000万だか4000万円を元子さんのお父さんからお金を借りたんですよね。

何で知ってるの？　よく調べてるねえ。それは事実だよ。全日本を立ち上げるための資金を出してもらってたんだ。

――だから、元子さんにも頭が上がらなかったんですかね？

どうだろうね。頭が上がらなかったって言うけどさ、俺が付き人をやってそばにいるときも、元子さんと馬場さんは喧嘩するわけよ。元子さんってあまり人の話を聞かないところがあるから、すぐにプウッと膨れて部屋に戻っちゃうんだ。すると馬場さんが「おい、大仁田、呼んでこい」ってことになる。それでコンコンコンってドアを叩いて、「すみません。元子さん、馬場さんが呼んでるんですけど」って、いつも俺が呼びに行くの。それで何とかなだめすかして馬場さんのところに連れて行ったよ。そういうときの元子さん、俺の言うことだけは聞いてくれた。馬場さんからは「あれは馬場元子じゃなくて、大仁田元子だな」って言われたからね（笑）。

――シリーズが終わったあとも、付き人はされていたんですか？

そうだよ。1～2週間くらいは完全オフの時期があるんだけど、その間も俺が道場で練習しているとお呼びがかかるんだ。ハワイとかにも一緒に行くわけよ。それで「おい、垢が溜まっているからボチボチやってくれって」とか言われて、背中の垢すりをするんだ。

馬場さんの垢すり係は付き人である俺の仕事でね。馬場さん、体がデカすぎちゃって背中のほうまで手が回らないんだ。元子さんも洗ってやらないから、俺にお声がかかるの。そのあとはマッサージもしたね。あと馬場さんはそこら中に別荘を持ってたから、オフになると、俺がよく掃除に行かされたよ。ハワイのアラモアナに行くと、「おい、大仁田、俺の車洗ってくれ」とか言って、キャデラックも洗わされた。こっちは「ハワイに車を洗いに来たのかよ……」みたいな感じだったよ。馬場さんと元子さんとハワイに行っても、ずっと付き人の延長線上みたいだったからね。

——ハワイは楽しくなかったんですか？

楽しくも何ともないよ！ 自分でバカンスに来て、自分のやりたいことをやれれば別だろうけど、部屋の中で電話がかかってくるのを、ずっと待ち続けてないといけないんだからさ。馬場さんたちがどこかへ出掛けるときも、連絡が付かないと大変だから、部屋でスタンバイしてなきゃいけない。携帯電話のない時代だからね。「買い物に行くぞ」と電話があったら、付いて行って荷物を持ったり、買い物の最中はじっと外で待ってたりしないといけないんだ。付き人をやった人は、みんな「それが大変だ」って言ってた。ハワイに行ったって、ビーチにも行けないんだから。

――間近で見る馬場夫妻は、仲が良かったんでしょうか？

夫婦仲は良いんだろうけど、馬場さんってあんまりしゃべらないからね。ふたりはどうやってコミュニケーションを取り合っていたんだろう？　と思ったよ。だって馬場さん、「あー」とか「おー」とかしか言わないんだからさ。大変だったのは、キャピトル東急の『ＯＲＩＧＡＭＩ』にいるときだよ。ＯＲＩＧＡＭＩにはしょっちゅう行ったけど、馬場さんはアイスティーを5杯も6杯も飲んで、葉巻吸ってパーッと煙を吐いて、何も話さないんだ。試合後だって試合の話なんかまったくしないよ。アイスティーが美味そうで俺も飲みたかったけど、最初は一緒にいても飲ませてくれなかったから、一緒にいる時間がつらかったね。巡業で二十何時間かずっと一緒にいるんだから、ちょっとぐらい解放してほしかったな。

馬場さんって、あまり選手と行動を共にしなかったから、ＯＲＩＧＡＭＩには元子さんがいるくらいだった。俺が付き人になってからは移動とか全部俺とふたりだったけど、そのころの俺ってまだガキだから、馬場さんと何話していいかわからなくて、ほとんど会話がなかったんだ。付き人になって、馬場さんからはずいぶんかわいがってもらったけど、それをやっかまれたのか、先輩にはいじめられた。メシとかにも誰も連れて行ってくれなくなってね。

——ゴルフもつき合わされたりしたんですか?

キャディもいるのに何百カ所もゴルフ場を一緒に回らされたよ。ホテルのロビーでゴルフが終わるまでずっと待たされたこともあったし。あれじゃ俺、忠犬ニタ公だよ(笑)。それでもね、最初に会ったときはデカくて塗り壁みたいだと思っていた人がさ、少しずつ心開いてくれていくと、何かこっちも惚れてきちゃうんだよな、ジャイアント馬場って人間に。馬場さんって元子さんに巡業先から熱いラブレター書いてたんだけど、キャバレーとかも好きで、大熊(元司)さんとかを連れてよく行ってたんだよ。そこでの話とかうれしそうにしゃべるんだよな。失礼な言い方かもしれないけど、馬場さん、何かかわいかったよ。大熊さんとキャバレー行っても馬場さんばかりモテてたから、大熊さんは頭にきて酔っぱらって……いろいろあったみたいだけどね(笑)。

夕方の『水戸黄門』を見てから後楽園へ

――馬場さんのキャデラックは大仁田さんも運転していたんですよね？

俺が18歳になって運転免許を取ったあとは、運転手もやった。ハンドルが軽くて運転しやすくて、好きな車だった。馬場さんが乗ってると、周りがみんな道を空けてくれるし、スピードを緩めてくれたりする。窓から馬場さんが「おう」って手を挙げれば、どこにでも行けた感じだったね。だから運転しやすかったのかもしれないけど。でもそのキャデラックの車内で聴くのが、ほとんど民謡だったのには参ったよ。馬場さん、本当に民謡が好きだったんだ。あと時代劇の『水戸黄門』が好きで、6時半スタートの後楽園大会があるときは、夕方4時から5時までふたりして『水戸黄門』を見て、それから後楽園に向かった。でもそのとき、キャデラックの中で流れているのは三橋美智也さんの「わ〜ら〜にィまみれてヨー 育てた〜栗毛〜」とかでさ（笑）。たまに、さくらと一郎の「貧〜しさに〜負けた〜、い〜え、世間にィ負けた〜」みたいなのがかかってるわけ。アメリカの高級車の中でだよ。俺なんか前座だったから試合直前なのに、こんなの聞いてると気合が入らなくてさ。俺を信用してリラックスしてたからなんだろうけどね。

——そんな一面を見ていると、馬場さんと一緒にいるのが楽しくなってきたんじゃないですか？

うん、ORIGAMIにいるとき以外はね。馬場さんは、酒を飲んでどんちゃん騒ぎするようなことはなくて、試合が終わったらすごく静かな人なんだ。遠征先とかでは物静かに読書してるんだよ。山手樹一郎や柴田錬三郎が好きだった。俺が漫画雑誌読んでたら「漫画なんか読むな」って怒られて、テレビも見せてもらえなかったもんな。他人の悪口を言う人じゃないし、酒も飲まなかった。なぜか卓球が好きでかなり上手だったね。温泉に行って馬場さんと風呂に入ると、「おい、大仁田、卓球だ。ラケットとタマ買ってこい」って。やると、すごく切るんだよ。いわゆるカットっていうのかな、ボールに回転かけて。ああ見えて馬場さん、ラケットさばきが細かくて器用なんだ。俺なんか相手になるレベルじゃないんだよ。「大仁田はヘタクソだな」とか言って喜んでるんだ。あれも俺しか見たことのない素顔だったのかもしれないな。

――一緒にトレーニングもされたんですか？

馬場さんがホテルオークラのジムの会員だったから、俺がヘルプで行くことはあったかな。それで馬場さんのバーベルに50キロ足そうとしたら、「バカ野郎！　これ以上重くするな！」って怒鳴られたこともあったね。あとクラークハッチ（六本木に会ったスポーツジム）に行ったこともあったんだけど、そこのベンチプレスでブルーノ・サンマルチノが300キロを挙げていた。そのクラークハッチだけど、練習後にシャワー室に入ったら、当時人気があった俳優がいたんだよ。たまたまそいつのケツがこっちへ向いてたんだよ。そうしたらさ……ちょっと見たくないものを見ちゃったんだよね。男色の噂があったけど、まあ、あんなふうになっちゃうとはなあ……。あ、馬場さんとの話とはまったく関係ないことだったね。

「おい、大仁田、電流爆破って痛いのか？」

――猪木さんはいくつもの事業に進出して、さらには参議院議員にもなったりしていますけど、馬場さんには選挙の話とかは来なかったんですか?

来なかったと思うよ。興味もなかったんじゃないの。馬場さんは「余計なことはするな」っていうタイプだから。「おまえ、猪木を見てみろ」って、俺よく言われてたよ。「ああいうことをやるから、金がなくなるんだ」って。「余計なことはやるな。プロレスだけやってりゃいいんだ」って、そのとおりだったね。俺もプロレスだけやっていれば、それなりに金を残せたんだろうな。俺についての金の問題とか、週刊誌なんかでいろいろ書かれたこともあったけど、俺、今、本当に金持ってないよ。持ってたらもっといい生活してるって(笑)。

――馬場さんのあの巨体のケアをされていたのは、事あるごとに大仁田さんだったそうですね。トイレが詰まったりしても大仁田さんが対処していたとうかがいました。

まあ、それは付き人だから当然のことだよ。でもさ、馬場さんって、人前になるとやっぱりジャイアント馬場になるんだ。馬場正平っていう素顔じゃなくね。猪木さんもアントニオ猪木になるわけよ。いったん世の中に出ると、そのキャラクターっていうのを演じなきゃいけない2人だったんだ。あの2人以降って、本当のスターってプロレスの世界から出てないよね。やっぱり力道山、馬場、猪木っていうこの3大スターが、日本に本当のプロレスというものを根付かせたんだと思う。だって、そうじゃん。やっぱり力道山が亡くなったとき、日本中が「えー?」と思ったはずだよ。馬場さんが亡くなっときも日本中が驚いた。もし猪木さんになにかあったら号外が出るよ。

――大仁田さんは馬場さんが亡くなったのをどこで聞いたんですか?

俺、馬場さんが入院してるって聞いて、病院へ行ったんだよ。そうしたら面会謝絶で部屋の中には入れなかった。大腸がんだと聞いたときは考えさせられたな。俺が付き人やってるときに、アメリカで買ってきた馬場さんのパンツを夜な夜な洗ってたんだけど、そのころから馬場さんは便秘がちだった。プルーンとかも飲んでたけど、3日に1回くらいしか出ないのを知っていたから、それが原因なのかなとも思った。だって馬場さん、東南アジアでいくら生水飲んでもお腹がくだることもなくて平気だったんだからさ。そのあと、お葬式と武道館でのお別れの会をやったじゃん。あのときも元子さんから電話がかかってきて、「来てくれるな」って言われたんだ。騒ぎになったらいけないからって。ブッチャー、タイガー・ジェット・シン、グレート小鹿とか、辞めた人間はダメだったね。馬場さんが亡くなってから全日本からノアが分かれていったけど、馬場さんという求心力がそれまではつなぎとめていたんだろうね。

――大仁田さんがFMWを立ち上げるにあたって、馬場さんには事前に連絡とかしたんですか？

いや、特にしなかったな。でもあとになって、馬場さんから電話がかかってきた。3回かかってきて、2回目のときはうちの社員が「『馬場さん』って名乗る人から電話があったけど、イタズラ電話みたいだったから切りました」って言うんだよ。でも、しつこいから3回目に俺につないでくれたんだ。そうしたら本当に馬場さんが電話してきていて、「おい、大仁田、2回も切られたぞ」って。そりゃ、馬場さん本人がFMWに電話をかけてくるとは誰も思わないからね。何の話かなと思ったら、「おい、頼みがあるんだよ。後楽園ホール、おまえのところで取ってるスケジュール、譲ってくれよ」って言うの。ふつうは譲りなんかしないけど、相手は馬場さんじゃん。そんなこと言われたら譲るしかないから、「どうぞ」って返事したら「借りにしとくからな」って言われた。その後、FMWがある程度軌道に乗ったときに馬場さんから連絡があって、恵比寿のガーデンプレイスまで「お茶飲みに来い」って呼ばれたの。それから少し経ったある日、俺、ゴルフもしないのに、馬場さんから50万もするゴルフのドライバー買わされたことがあった。あれ、どこへやっちゃったかな。

――ＦＭＷについて、馬場さんは何かおっしゃっていましたか？

いや、何も言わなかった。「儲かってるか？」とか、そういうことも何も言わない。ただ、電流爆破がマスコミで大きく取り上げられるようになったころ、俺が馬場さんにさ、「馬場さん、俺と電流爆破やりませんか？　馬場さんと俺が電流爆破をやれば、国立競技場に6万人とか7万人呼べますよ」って誘ったことがあるの。そうしたら馬場さん、「おい、大仁田、それって痛いのか？」って（笑）。まんざらでもないような感触だったんだよ。それで俺も「馬場さん、大丈夫です、全然動かなくていいですから。全部僕がやりますから」って俺が電流爆破のやり方を説明したら、うなずきながら聞いてくれてたみたいだったね。「7万人入ったら、興行の売上げは全部さしあげます。8億円でも何億円でも馬場さんに全部差し上げますから！」ってダメ押ししたの。馬場さんと電流爆破をやれたら、もう一生ものの思い出だからね。是が非でも実現させたかった。だけど、最後に馬場さんが言ったセリフがおかしくてね。「でも、三沢もジャンボも反対するからな」だって（笑）。そういうところが繊細で、馬場さんって気を遣うんだよ。でもさ、見たかったよな？　馬場さんと大仁田の電流爆破って。プロレスファンは絶対見たかったと思うよ。

幻の電流爆破デスマッチ「猪木VS大仁田」

——そう言えば、1995年1月4日の東京ドームで、猪木さんとも電流爆破をやる計画があったんですよね。

そうなんだよ！　ある程度の交渉まではいってたんだ。そうしたら、東京ドームに2つのリングを作って、はしごを架けて電流爆破をやるとか、わけのわかんないことを言ってきたんだ。「これは妥協してでもやったほうがいいのかな？」と考えたんだけど、何だか面倒くさくなってきてね。俺は純粋な電流爆破でありたいなと思ってたから、結局断ったの。永島（勝司）さんを通じて言ってきたんだけど、猪木さんは全部自分を優位にするんだ。だから（ウイリアム・）ルスカとか、いろんな格闘技の選手が来ても、全部プロレスのリングに上げる。だけど不思議なことに、Ｋ―１や総合格闘技が盛り上がってくると、プロレスのリングじゃなくて、格闘技のリングに弟子を出すわけ。そういうところ、すごいよね。猪木さんがすごかったのは「絶対にこいつには勝てる」という人間としかやらない。それでちゃんと権威を守り続けるんだ。だから「電流爆破のリングに上がるんだったら、俺は大仁田を徹底的に潰すぞ」って頭の中で計算して、はしごを架けてとか考えたんじゃないかな。

――２０１９年に出たムック本（『逆説のプロレス16』双葉社）の表紙に「ズバリ言えば、大仁田はかなりゲテモノ」という猪木さんの発言が大きく掲載されていました。

俺って触っちゃいけないものだから（笑）。でもアントニオ猪木に「ゲテモノ」と言われたら光栄ですよ。無視しないで俺の名前を出してくれるのはありがたいことだよね。確かに俺は猪木さんに一番嫌われた男でしょう。猪木さんとの電流爆破はできなかったけど、もしやっていたら、俺が食われて猪木さんの電流爆破になってたかもしれないよね。

――猪木さんは、被爆しましたかね?

どうだろう。わからない。そういえば俺、神戸の「猪木ボンバイエ」のギャラをもらってないいんだよ。プロモーターが逃げちゃったから。あの大会は最初、控室で猪木さんに挨拶してから、大会中にリングの下で猪木さんとの対戦を直訴したの。そのとき「ビンタはくるな」と思ってたから覚悟はしてたんだけど、本当に食らうと猪木さんのビンタは痛いんだ。それでこっちも頭に来て猪木さんを羽交い絞めにしたら、猪木さん、俺の耳元で「離せ大仁田、いいかげんにしろ」って言ったんだよ。でも翌日の新聞には「大仁田厚はリング下で猪木の闘魂ビンタを浴びると熱く抱擁した」とか書かれていて(笑)。

――そんなドラマがあったんですか。

一つ言えるのは、人間、いつも浮上しているわけじゃなく、紆余曲折がある。だから借金したりもするんだよ。そういうとき、猪木さんは俺より金を借りるのがずっと上手いんだ。さらにすごいのは、それを返さない。返さないのが上手い(笑)。猪木さんにはきっと触覚みたいなのがあって、「こいつは俺に金を貸す。こいつは貸さない」がすぐにわかるんだと思うよ。それも咄嗟に反応するんだ。

プロレスは強いものが勝つ図式だけではない

——でも今の猪木さんと大仁田さんが何かやったら、非常に面白いですよね。

俺もそう思うよ。今はマニアックなものにお金を払う時代だからね。あの人は「大仁田を完璧に殺さないとダメだ」ってよく言ってたけど、俺のほうに光が当たってしまうのが気に入らないんだ。でも逆に、俺みたいな存在が今のプロレスには必要なんだと思うよ。今の新日本って東京ドームで大会やったりして、人気はあるんだろうけどさ、毒のある選手なんか1人もいないじゃん。きれいすぎるんだよ。棚橋（弘至）なんか「愛してます」なんてリングで言ってるけど、昔は女に刺されてバイクで逃げたんだろ？　どうせなら、そういうこともネタにして毒づけばいいんだと思うけどね。周りで起こったことは利用してやるぐらいじゃないと。いっそマダムキラーみたいになっちゃうとかさ。

——棚橋さんはあのとき、女性に刺されて「病院に行かなきゃ」と思って、そのまま原付で接骨院に行ったのだという記事がありますね。

棚橋、お前すごいな、見直したよ。その場合、接骨院じゃなく外科じゃないか？（笑）。

――それで「外科のほうがいいですよ」と言われて、バイクでまた走ったそうです。血が出てるから、病院で「どうしたんですか？」と聞かれて、一部始終を話したら「とりあえず、この空欄に住所とか書いてください」とカルテ渡されて。傷が思いのほか深くて、書いているうちに気を失って倒れ、それで看護師さんたちに助けられたと聞きました。

何か俺、棚橋のファンになってきたよ（笑）。

――考えてみると、大仁田さんは、新間さんやタイガーマスクに始まり、猪木さんの付き人だったケンドー・カシンさん、「最後の闘魂伝承者」こと藤田和之選手とか、猪木さんにすごく近かった人となぜか縁があるんですよね。

そうだね。カシンはプロレスを楽しんでる。俺のことを「何やってくるかわからない」

って言ってたんだよな？　お前もそうだろうって（笑）。変わってるよね、カシン。今、フロリダにいるんだろう。あいつ、俺の興行に勝手に乱入してきて、さんざん暴れまわったあとに、なぜか帰りには普通に会場で自分のTシャツとか売ってたんだからさ（笑）。俺は「誰じゃお前は？」って本気で怒ったんだけど、それが初対面だぜ。笑っちゃうよな。そのあとは俺がパンディータの中に入り込んだりして、ワンマッチ興行なんかやったけど、一試合だけなのにお客さんは満足してたね。ああいうのっていいよな。藤田も面白かった。ただ藤田は直線過ぎちゃってムーブが利かない。そこが総合でやってきた選手だよね。

いつも思うんだけど、世の中には順風満帆で行く人間も確かにいて、その一方で、どん底に叩き落とされて、そこから這い上がってくる人間もいる。不思議なことに、順風満帆で生きている人間って、それはそれでいいのかもしれないけど、そこには感動も何もないんじゃないか。だけど、どん底から這い上がってくる人間、つまり自分が持っている一つのものだけで勝負している人間には、感動やら共感が付きまとうんだ。そういう人生の縮図がプロレスのリングにはあるんだよね。

でも、プロレスも変わった。もう昭和のプロレスは消滅しちゃってるよ。だから俺たちは「レジェンド」なんて呼ばれるんだろうね。でもさ、今のプロレスの華麗さやきれいさに飽き足らない人間たちは絶対いるんだ。這い上がってきた泥臭さを見たがるやつらがさ。

だから懐メロの歌手が集まって全国回ったりしてるように、俺も俺のプロレスが見たいやつらに、まだまだこれからも見せて回ろうと思ってる。還暦過ぎても。プロレスという一つのジャンルがなぜここまで続いているのか、なぜここまで愛されているのかっていうことを伝えたいんだ。強い者が勝つという図式だけじゃないんだよ、この世界は。選手が一つのキャラクターを持って、それをやり続けることで、その選手とプロレスが永遠のものになったりするわけよ。猪木さんだって、もう辞めて何十年も経つけど、「ダーッ！」ってやるだけで、みんな熱くなるじゃん。今の現役レスラーには、そのことを踏まえて、プロレスをいつまでも愛されるジャンルであるように引き継いでいってほしいよね。薄っぺらじゃなくて、世間一般にまで届くキャラクターを、泥臭く築き上げてほしい。

第6章

政界へ、引退へ、そして復帰へ

山崎拓から「女性問題で叩かれるな」

——この章では電流爆破やプロレスとは直接関係はないのですが、大仁田さんの政治活動にも触れてみたいと思います。長州選手との電流爆破マッチを実現させた翌年の2001年7月、大仁田さんは第19回参院選に比例区で出馬して、「小泉チルドレン」の一人として初当選しました。政治家になったのは、自民党から声が掛かってからなんですか？

いや。最初は、当時、自由党の党首だった小沢一郎さんに会ったんだよ。会っただけなのに、小沢さんたちのグループは「選挙ポスターもすでに作った」って言うわけ。写真も撮ってないのに、どうやって選挙ポスターができるんだよって（笑）。その後も「大仁田が金を持って逃げた」とか言い出したこともあったんだけど、会っただけなのに、何で俺が党の金を持ってどうのこうのってなるのかね？

それで小沢さんと話したあと、鳩山邦夫さんの紹介で小泉純一郎さんに会った。そうしたら、光ってたんだ。すごくオーラが出ていて「この人とならー！」と思った。それで自民党に決めて、鳩山さんのルートで幹事長だった山崎拓さんのところへ行ったんだよ。そうしたら、「うーん、プロレスは八百長だからなぁ」とか言うんだよ。その後、1カ月くらい待たされたあと、幹事長室に呼ばれて「公認する」って言われてね。今でも覚えてるんだけど、山崎幹事長がさ、そのあとで俺に言ったセリフが「女性問題だけは気を付けろよ」だったんだよ。釘を刺されたんだ、「女性問題でマスコミに叩かれるようなことは絶対するな」って（笑）。

――その翌年、山崎拓幹事長は、10年近く愛人関係にあったホステスから、赤裸々な手記と一緒に「変態行為」懇願テープや赤裸々な写真まで公表されてしまうわけですからね。自戒を込めていたわけじゃないんでしょうけれど（笑）。

そうなんだよ！　あの記事を見て、「あなただけには言われたくなかったよ！」って思ったけどね（笑）。まあ、そういうことがあって、自民党から公認をもらって、参院選の比例の名簿順で3位だったのかな。上にいた人が選挙違反か何かで外れちゃったから、俺が自動的に繰り上がってね。で、蓋を開けたら46万何千票か取っていたんだよ。

――当時の小泉さんは、かなり魅力的だったんですか？

魅力的だったね。特に言葉とかが。ただ、唖然としたのは、本会議場にいる小泉さんは眠ってることが多いんだよ。それも絶妙で、眠ってるのか眠ってないのかわからないような感じだった（笑）。それで自分の答弁の番になると、パッと起きて普通に答弁するんだよ。あるときは、パッと起きたと思ったら「人生いろいろ」「物事もいろいろあるんだよ」って言って煙に巻いちゃうんだからね。「人生いろいろ」って言葉は衝撃的だったなあ。それを言ったら身もふたもないじゃん。それ以上、討論にならないからね。それで俺、郵政民営化のとき、派閥の長だった古賀誠先生に「棄権しろ」って言われたの。派閥の議員が全員、赤坂プリンスへ呼ばれて棄権したんだよ。そうしたら小泉さん、俺とはその後、3カ月くらい口利いてくれなかったからね。

――大仁田さんが賛成しなかったから、小泉さんは怒っちゃったんですかね？

きっとそうだよ。小泉さんってわかりやすいんだ。重要法案が決まると、きまって握手するんだけどさ、手を出しても俺だけスカされるようになったからね。郵政民営化のときって、俺も採決の本会議の1時間前に官邸に呼ばれたんだよ。そうしたら飯島（勲）秘書官から、「小泉が帰ってきたら会うか？」って言われてね。でも、そこで会ったら賛成に回るしかないじゃん。俺の立場上、賛成に回るのも回らないのもできない。だから、俺らは反対したわけじゃなくて、棄権したんだ。そうしたらテレビ朝日が俺のいる現場とスタジオをカメラでつないで、コメンテーターで出演していた浜田幸一さんに、「スポーツマンらしくねえぞ！　白か黒かだろう！」とかって言わせるんだよ。ハマコーさんもここは狙いどころだと思ったのか、俺のことをガーッと責めまくってね。「このジジイ、ウケ狙いやがって」と思いながら、大先輩でもあるわけだし、我慢してたんだけどさ。俺はプロレスっていう上下関係が厳しい世界で生きてきたから、先輩に逆らうようなことはできないんだ。そのときの映像ってYouTubeとかで見られるんだって？　100万回以上再生されてるって聞いたな。まあ、カッコ悪くて仕方ないよ。

――あの映像、いまだに再生回数が増えてるみたいですよ。

だって、反対票に入れたら自民党を離党しなきゃいけなかったんだから、「白黒ハッキリしろ」と言われてもね。あのとき、反対票を出した議員は全員、自民党から出されたよ。それで次の選挙では自民党からの対抗馬、刺客が出されて、徹底的に潰されたんだ。あの映像、俺が死んだときにも絶対流れるよな。ハマコーさんが亡くなったとき、自民党の四十日抗争でハマコーさんが椅子投げたりして、バリケードを壊している映像が流れたようにさ。まあ、いいや。そんな映像があるのも財産だと思わないと。

国会内乱闘で国対委員長の盾となる

――自由党（当時）の森裕子さんと、イラク復興支援特別措置法案の強行採決をめぐって乱闘になった映像もありますね。

あれは乱闘じゃないんだって！　俺が一方的に髪をつかまれたり、殴られたりしたの！外交防衛委員会の前に国会対策委員会で、「大仁田君、護衛役になって、こうやって腕を広げて委員長を守ってくれ」って言われたから、委員長を必死に守ったんだよ。俺ね、悪いことなんか何にもしてないんだからね。俺は言われた役目を遂行しただけなんだよ。俺が暴れているんじゃなくて、森さんが机の上にハイヒールで上がったんだ。あまりにも衝撃的だったから、俺まで暴れてるように思われたんだろうけど、本当に俺、何もしていないんだよ。俺が政界を引退したあと、それも水に流したんだ。森さんの選挙応援に新潟に出向いたりもしたんだよ。

――同じ自民党議員というと、同じプロレスラー枠として馳浩議員がいますけど、話とかされたりしていたんですか？

この間バッタリ会ったよ。真っ黒だった。すげえ日焼けしてて「ああ、大仁田さん！」ってニコッと笑ったら、今度は歯が真っ白なのにビックリしたよ（笑）。「おまえ、日サロ通いすぎだろう？」みたいな話したんだけどね。元文科大臣が日サロに通いしててどうすんだって。まあ、それはそれで面白くはあるけどさ。

――馳議員は、議員会館の下にあるジムによく通っていて、そこで参議院に入った元総合格闘家の須藤元気さんと、2人でマシントレーニングしながら筋肉談義をしているということを聞いたことがあります。

須藤元気さんも当選したけど、もうタレント議員の時代じゃなくなってきた気がするね。

馳さんにしても、もはやタレント議員じゃないからね。森（喜朗）元総理のお抱えで参院選で当選したわけだし、その後は衆議院にくら替えした。俺は馳さんに関しては、真っ黒すぎるとは思うけど（笑）、やっぱり大臣までなったっていうのは評価されるべきだと思うよ。よく我慢してやってきたんじゃないかな。やっぱり政界の中には「元プロレスラーかよ」みたいに言うやつっているんだよ。東大とかしか認めないようなところがあるからね。政治家って官僚上がりか、2世、3世とかの世襲議員とかばっかりじゃん。それと、やっぱり東大出身者だよ。京大はあんまりいないな。官僚は東大が多いから。

――大仁田さんも、議員時代には「元レスラーかよ」みたいに感じで扱われることがあったんですか？

いっぱいあったよ。今、群馬県県知事になっている山本一太。俺。あいつのこと、1回怒ったもん。もちろん、本気じゃないよ。あれは本会議場でドメスティックバイオレンスの法案を採決したときでさ、誰か1人が否決のほうを押しちゃって「260何対1」ってなったの。そうしたら、俺のこと指さして「大仁田君、入れたんじゃないの？」って言うんだよ。「元レスラーだから、バイオレンス好きでしょう」みたいにさ。バカにしやがったんだよ。だから「ふざけんな、この野郎！」と思って、後ろのほうに連れてってね。軽くだよ、軽く（笑）。

――よりにもよってDVの法案のときに？

　DV法案のときに怒ってどうすんだよってことなんだけど。まあ、それはちゃんとオチになっているってことで（笑）。……そうだ！　思い出した。俺、国会で蓮舫に整形疑惑を流されたんだよ。ろくなことしないよなあ。俺、プロレスの練習で耳がすごく潰れていたんだけど、国会議員になって、いろんな人と会うのに、不快感を与えたら嫌だから、耳を普通の形に直したんだよ。そうしたら、その影響で顔のあたりまで腫れちゃってさ。そのとき、参議院文教科学委員会で蓮舫と顔を合わせて、そのことを聞かれたから「耳を整形したんだ」って俺が言ったら、その直後に週刊誌から「大仁田さん、顔を整形したそうですね？」って連絡がきたんだよ。それ以来、「顔が変わった」とか俺の整形疑惑があちこちでネタにされたんだ。整形なんかしてないんだよって！　蓮舫は言いっぷりがすごいから、委員会の場へ行ったら頭っから俺のことボロクソだったからね。今は多少は柔らかくなったのかもしれないけど、もう、文科大臣だろうと何だろうが「クソジジイ！」みたいな勢いの言い方するからなあ。今は立憲民主党の幹事長だっけ？　重職に就けてるのもどうかと思うよ。俺、もう政治家じゃないから好き勝手に言わせてもらうけどさ、いいかげんにしろだよ、本当に。森裕子さんのほうが、まだマシだったね。

「借金報道」の真相を話そう

――週刊誌報道といえば、何年か前に鳩山邦夫議員への2000万円の借金を大仁田さんが返済していないとかいう記事があったと思いますけど、あれは何だったんですか？

２０００万金借りて返してないって言われてもさ、俺、その２０００万、見たこともないんだよ。いろんなことを報じられてるから意外に思うかもしれないけど、俺、こう見えて人を騙したり人の金を取ったりなんかする男じゃないよ。俺が選挙に出るとき、自分の会社から１５００万出して、党から公認料１５００万もらって、宏池会からも６００万もらって、それで選挙をやったんだ。そのころＣＭを３、４本持ってたから、出馬するとなると降りなきゃならないじゃん。その違約金が４０００万ぐらいあったけど、俺、自分で払ったもん。だから、その2000万って見たことないんだよ。選挙が終わったらその話題が消えてたから、片付いたと思ってたんだ。それなのに、突然、俺の借金ってことになってしまうっていう……。

――実は私、大仁田さんが参議院議員時代に議員会館へ取材にうかがったことがあるんですが、そこへ鳩山さんが来て「応援、ありがとね」って言っていた姿を見て、ずいぶん懇意にしているんだなと思っていたんですけどね。

全然、借金の「借」の字も言わなかったんだよ。俺はいい関係をつくらせてもらってたと思っていたんだけどね。今さら具体的には言わないけど、鳩山さんの当時の秘書が絡んだトラブルがあって、その相手がたまたま俺の知り合いの解体業者だったんだけどね。その人が激怒しちゃって自民党本部に殴り込んできたの。慌てて俺と鳩山さんで事態を収めに行って、俺が土下座したんだよ。「すみません！」って。俺、何も関係ないのにだよ。それで事態を収拾させて、鳩山さんから感謝されたりしたんだけどなあ。

――膝が悪いのに土下座したんですね。

そうだよ。うん、いろんなことがあったなあ、国会議員時代は。本当にいろんなことがあったよ。でもやっぱり、どうしても俺は性格的に合わなかったね。6年間、言われたとおりに票を入れなきゃいけないわけじゃん。あれがつらかったよね。議員やっていて面白かったこととか、あんまりなかったなあ。野党は牛歩戦術とかやってるしさ。何やってんだよな、深夜まで。何が牛歩だよって。そんな思いばかりでずっとやってた。もちろん、この国を良くしたいっていう思いはものすごくあったし、政治という仕事に関しての熱量はかなり高かったし、今だって衰えたつもりはないよ。ただ、2025年問題、その先の2035年問題を考えると、地方の衰退は国力の危機だから、地方から日本を何とかしたいって思いが強くなって、だから(佐賀県)神埼市の市長選にも出たわけでね。あ、俺、今も神埼市に住んでるんだぜ。それはともかく、参議院議員時代はいい思い出なんかないよ。党議拘束に縛られて、言われたとおりに賛成だ反対だって、法案に投票するのに自分の意見は関係ないんだぜ。6年間そんな生活してさ、これ以上続けたら俺は人間がおかしくなるって思ったよ。

——でも大仁田さんはそんな状況になって、結局、古賀誠さんに何の相談もしないで政界

を引退してしまったわけですよね、

だから古賀さんから怒られたよ。「ちゃんと次の選挙に出ろ」って。同期の国会議員からは「偉くなるためには、余計なことはしないで我慢しなきゃダメだ」って忠告されたけど、「上に言われたとおりにしないといけない」っていう世界に俺はもう耐えられなかった。やっぱり俺は自由に生きてナンボだから。

国会議員として電流爆破のリングへ

――確かに、国会中継を見ていたとき、よく大仁田さんがここでじっと座っていられるなと思っていましたよ。

つまんなかったよね。そう言えば、飯島秘書官ってタイプ的に新間さんに似てたな。いろいろ策略を練るタイプで、あの人もブラックっていうか、いや、ブラックじゃないんだけど、ダークな感じだよね。そういえば俺、新間さんに連れられて、猪木さんがスポーツ平和党から参院選に出たときに、東京タワーの近くにあった事務所にあいさつに行ったことがあるんだよ。新間さんに「ちょっと猪木の事務所に行こうよ」って言われて。猪木さんはいなかったけどね。一応「頑張ってください」って言ってきた。あれはちょうどFMWを旗揚げする前で、格闘技連合のころだったから、新間さんは猪木さんを上手く引っ張り込もうと思ってたんじゃないかな。飯島さんを見てると、そういう根回しのうまいところが新間さんっぽく見えてくるんだよ。

——国会議員だった2003年にも、WJプロレスで越中さんと電流爆破マッチをやっていますが、幹事長からは怒られなかったんですか?

そのときは怒られなかったけど、2007年に夕張でやったチャリティー興行で、鈴木宗男さんにレフェリーをやってもらって、有刺鉄線デスマッチをやったときは、青木（幹雄）さんに幹事長室に呼ばれて「気持ちはわかるけど……」って警告、まあ、イエローカードをもらったよ。鈴木さんはすでに自民党を離脱して、新党大地の代表をやられていて、首班指名選挙では小沢一郎さんに投票していたからね。でも、その前までは仲間だったし、鈴木さんには良くしてもらったから。そうだ、あのときはなぜか控室にホリエモンも来ていたんだよな。

――昨今話題になっている総理主催の「桜を見る会」には、大仁田さんも行かれたんですか？

いや、俺はあんまり行かなかった。行っても1人だけで行ってたよ。人を招待するのって、招待状を送ったりしなくちゃならないじゃん。そういうのが面倒くさいから。桜を見る会は1回参加したぐらいじゃないかな。秘書が誰かを招待したかどうかはわからないけど。

――安倍さんがあれだけ大量の招待状を自身の関係者に送っていたというのは、どう思いますか？

すごいよね。マメだよ。だけど、桜を見る会がどうしたって散々テレビでやっていたけど、そんなことよりもっと先に論じるべきことがあるんじゃないかな。今、日本は大変なんだからさ。日本って決して豊かじゃないんだよ。先のことを考えたら。国際情勢とかもものすごく不安定だし。緊急のこととしては新型コロナウイルスのこと。国際問題にしたって、例えば隣国の韓国との関係は戦後最悪でしょ？　これまでにない毅然とした態度で、日本はいい加減に関係を見直して、未来志向になったほうがいいよ。それにあっちは、国際的な発信に長けてる。俺はそういうの得意なんだけどね。日本ってアピールするのが下手じゃない。歯がゆいんだよな。個人的には文在寅大統領がいる間は、韓国に行くのはよそうと思ってる。韓国でカニとか食うのとか、本当は大好きなんだけどなあ。

電流爆破バットならどこでも電流爆破

大仁田は2001年7月の参院選比例区に初出馬、初当選。6年間の議員生活を送ったあと、2007年6月に政界引退を表明。2008年2月に通算5度目のプロレス復帰を発表する。同年5月の「LOCK UP」の大会で、金村キンタロー&折原昌夫VS大仁田&越中がメインで組まれ、大仁田が毒霧攻撃で反則負けとなった。2009年9月「大仁田興行」新木場大会では、メイン終了後にターザン後藤が姿を現し、大仁田と握手。2012年6月には因縁の初代タイガーマスクと、デンジャラス・スペシャル・

ランバージャックデスマッチで対戦した。

それまでの大仁田の電流爆破マッチは、リングサイドに有刺鉄線を絡みつかせた板を敷き詰め、その上に振動を加えることで爆発する大型の爆弾を設置した「有刺鉄線バリケードマット地雷爆破デスマッチ」、金網に加えてリングの2面に有刺鉄線電流爆破、もう2面に地雷を設置した有刺鉄線ボードを設置し、試合開始から15分経つとリングサイドの時限爆弾が爆発する「有刺鉄線電流地雷監獄リング時限爆弾デスマッチ」、決まった時間に爆発する超大型時限爆弾をリングサイドに設置する「ノーロープ有刺鉄線電流爆破超大型時限爆弾デスマッチ」など、大掛かりなものが行われていたが、5度目となる現役復帰以後は、有刺鉄線を巻き付けたバットに爆弾と電流を仕込んだ「電流爆破バット」が多用されるようになる。これは、都市部だけでなく地方の小規模会場のお客さんにも電流爆破の試合を見てもらおうと開発されたものだという。

――電流を流した有刺鉄線をリングに巻く手間を省き、手軽に持ち運べて電流爆破のすごさ、インパクト、面白さをより多くの人たちに伝えるために生み出されたのが、電流爆破バットなんですよね。

そう。地方の会場でも電流爆破が見たいという人って多いんだけど、コスト面とかで大掛かりな仕掛けができなかったんだよ。だから、経費削減しても最大の爆破が見せられる電流爆破バットを開発して、それを持って全国行脚しているんだ。電流爆破バットは、それで殴って爆破させるんだけど、選手が持ったまま動き回れるから、爆破バットの取り合いという面白さも加わった。会場が狭いぶんだけ、爆破の衝撃音とか電光、火薬の匂い、煙とかがダイレクトに伝わるんだよ。まあ、率直な気持ちとしては、発明したくせに「こんなバットで殴られたくねえな」って思ったよ（笑）。でも、お客さんがそれで喜んでくれるなら、俺たちは黙ってやるだけだよ。今はあんまり聞かなくなったけど、電流爆破マッチのことを「こんなのはプロレスじゃない」っていうやつらがいっぱいいたの。プロレスはこうあるべきだ！って枠にはめて、四角四面でプロレスを語るわけ。俺は、爆破とか男女ミックスドマッチとか、いろんなものを含めてすべてプロレスだと思ってる。新日本の選手の中にだって、そういう発想がわかってるやつは絶対にいるんだよ。「スポーツライクばかりじゃなく、そういうのもプロレスですよ」って言ってほしいもんだよ。「プロレスっていうのは、すごく幅があるからプロレスなんだ」って。俺はそう思うよ。

「電流爆破バットは経費削減しても最大の爆破が見せられるんだ」

髙山善廣の男の器を見た爆破突入

——電流爆破バット以降、会場にあるものに何でも火薬を付けて爆破させてしまいますよね。「電流爆破椅子デスマッチ」「電流爆破レガースデスマッチ」「電流爆破ラダーデスマッチ」「電流爆破人間爆弾デスマッチ」とか、これらはどういうところから生まれてきたんですかね？

人間爆弾？　それってなんだっけ？

——2013年8月、横浜文化体育館での「横浜大花火」で、邪道・大仁田厚の化身「グレート・ニタ」と元横綱・曙の第2の化身「キラーウェア」による「ノーロープ有刺鉄線メガトン電流爆破&史上初！　人間爆弾デスマッチ」やったじゃないですか？　大仁田さん、当時の全日本プロレスの白石伸生オーナーに、人間爆弾になるように要求していましたよね？

白石、いたなぁ、あれ、何だったの？　マイクでは「神聖なリングには上がれません」とか言ってたくせに、白石は自分でリングに上がりたがってたんだよ。だから俺が白石を人間爆弾にして、爆破ベストを着た白石を先に爆破させたほうが勝ちというルールでやったんだよ。あいつが一緒に有刺鉄線に突っ込み、電流ベストが爆破したんだ。

――当時の新聞記事を抜粋すると「試合後、『邪道として生きているが、俺には王道の血が流れている』と、自分の故郷である全日本プロレスを守ってくれるよう白石社長に思いを託した大仁田。白石社長も『邪道のプロレスを認めます。必ず全日本を業界ナンバーワンにします』とガッチリと握手。横浜の空に打ち上がった巨大な花火に、邪道と王道の明るい未来を誓い合った」という名文が記載されています。

でも白石って、そのあとすぐに全日本をクビになっちゃったんだよ。明るい未来なんかなかったよな。

曙選手とは、3回電流爆破マッチをやった。その試合の前に横浜で「ノーロープ有刺鉄線バリケードマットダブルヘルメガトン電流爆破デスマッチ」（2012年8月）をやって、大阪で「ノーロープ有刺鉄線電流爆破なにわ地獄デスマッチ～有刺鉄線電流爆破バット＆

有刺鉄線電流爆破椅子〜」（2013年2月）をやった。そのときは曙選手が最初に電流爆破へ正面から突っ込んでいって、大ヤケドしたんだよ。俺が火を投げつけても微動だにしなかった。避けようと思えばいくらでも避けれたのに、曙選手は避けなかったんだ。火の玉でも爆破でも正面から受けていたよ。あれはよっぽど肝が据わってないとできないね。絶対に逃げないいんだからさ。それですごいヤケドしたわけなんだけど、文句ひとつ言わないし、あれは立派だった。尊敬したよ。やっぱり横綱になるような人は違うよ。

――2015年1月には「爆破王」のベルトを製作して、高山善廣選手と大阪で初代王座戦「ノーロープ有刺鉄線電流爆破ダブルバット・ダブルヘルデスマッチ」を行いました。さらに同年3月にも、大仁田さんが初代王者の高山選手に挑戦した博多での爆破王選手権「ノーロープ有刺鉄線電流爆破マッチ」でも対戦していますね。高山選手のことで印象深く思っていることはありますか？

高山選手もすごい選手だったよ。恐れることなく電流爆破に頭から突っ込んでいったもんな。曙選手と一緒だよ。何回も言うけど、電流爆破って人間の器が見えるところがあるんだ。不思議だよね。天龍さんもそうだったけど、曙選手、高山選手のことは、俺は今でも尊敬してるよ。尊敬に値する選手だ。電流爆破のリングの中でやり合っているうちに、そういう感情が芽生えてくるんだ。やっぱり、長州とは大違いだよ。長州のときなんか、俺だけが5回ぶち当たって、「おまえ、当たんねえのかよ!?」って思ったもんな。だから「長州力はチキンだ」って俺は何度も言ってるわけ。タイガー・ジェット・シンなんかも、ビビリだった。

――天龍さんは電流爆破のリングに上がる以上、被爆は覚悟したそうです。その理由は「あんな小さなスペースで当たらないのが奇跡だから」。実際に試合をしたら「乾いた破裂音がパンパン耳に来て、破片がババッて一気に体に突き刺さってくる。手が触れるだけでブスブス刺さる。有刺鉄線は刺さるとえぐられるから縫わないと傷口がくっかない」とインタビューで言っていました。「こういう試合を毎日のようにやって、会社を引っ張ってきた大仁田さんを素直にリスペクトする」とも。

ありがたい言葉ですよ。痛みは、まさにそのとおりだね。こればかりは1回も当たらなかったやつにはわかんないよ。

――髙山選手を支援するイベント「TAKAYAMANIA EMPIRE」に2019年、大仁田さんも出場しましたよね。

あのとき、髙山選手の奥さんに会ったんだよ。背の高い方で「仕事がなかったときに、電流爆破をやらせていただいて、ありがとうございました」って言ってくれてね。髙山選手も電流爆破ができたことを幸せに思ってるって。ビックリしたよ。俺にそんなことを言ってくれた人っていなかったから。この奥さん、素晴らしい人だなあって思った。「こちらこそ、本当にありがとうございました」って俺のほうが深く感謝しちゃったよ。髙山選手が今まで闘ってきた歴史を大事にしてくれているんだよね。何事も否定せずに。あとになって俺と戦ったことを否定する人もいる中で、そうやって感謝の気持ちで接してくれるなんてさ、涙腺が緩んだよ。髙山選手本人の人望もそうだけど、ああいう奥さんに支えられている髙山選手だからこそ、あのイベントにもあれだけ大勢の選手たちが賛同して集まったんだと思うよ。

7回の引退にはそれぞれ理由があるんだよ

――かなり歴史を端折《はしょ》りますが、2017年10月に後楽園ホール大会でKAI&鷹木信悟両選手と組んで藤田和之選手&ケンドー・カシン選手&NOSAWA論外選手組を相手に、7回目の引退試合をやられましたよね。そして2018年9月にファイトマネーをもらわないボランティアレスラーとして7度目の現役復活を宣言。さらに同年10月に、横浜市の鶴見青果市場大会「電流爆破バット&有刺鉄線地雷ボードデスマッチ」で、ケンドー・カシン選手とHASEGAWA選手と組んでキム・ドク選手、橋本友彦選手、雷電選手との対戦でリング復帰、今に至るということですね。

それ、端折り過ぎだろう（笑）。その間に、長与千種との「ノーロープ有刺鉄線電流爆破デスマッチ」（2017年8月）とかもやってるんだから。まあ、いいけど。7回引退してまたカムバックして、酷いと思わない？　俺、思うよ（笑）。でも7回分には一応それぞれ引退の理由はあるんだよ。最後の引退セレモニーにはおふくろまで来てもらったから、本当にもう復帰するつもりはなかったんだ。いや、本当だって。

でも、やっぱりさ、俺はプロレスが大好きなんだよ。それに、いつも俺はプロレスに助けられてきた。批判もたくさんされるし、自分でもバカ野郎！ って思うよ。だけどさ、心の底からプロレスが好きなんだよ。「一生一回、胸いっぱい熱く生きようぜ！」ってリングからファンに向かっていつも言うんだけどさ、それって俺の心からの叫びなんだ。人からバカにされようが、俺はリングに戻ったんだ。だって、誰のものでもない俺の人生だから。人生、きれいごとだけじゃないんだよ。

第7章

世界に羽ばたく電流爆破

電流爆破を継ぐ「爆児」たちへ

2019年、大仁田厚はDDTの高木三四郎社長とのコラボプロデュースで新プロジェクト「爆破甲子園」をスタートさせた。大仁田が生み出した電流爆破を次世代の若きレスラーにつなぐため、次世代を担う電流爆破ファイター「爆児《ばくじ》」を誕生させるのだと。

同年11月17日、鶴見青果市場で「爆破甲子園2019」は開幕。メインイベントの電流爆破8人タッグマッチは、高校野球の甲子園大会を意識したトーナメント式になっており、出場枠をかけて納谷幸男、朱崇花、今成夢人、FUMAが対戦した。だが、大仁田の「負けた奴にもチャンスをやってほしい」とのひと言で、トーナメントは覆り、全員が出場権を獲得。試合は大仁田、新井健一郎、朱崇花、今成組VS高木、青木真也、FUMA、納谷組の8人タッグマッチが爆破甲子園の決勝戦となった。

メインイベントには、従来の3倍もの火薬が仕込まれた電流爆破バットが4本投入され、大仁田と〝大鵬の孫〟納谷幸男、〝バカサバイバー〟青木が初遭遇。試合は青木のスリーパーホールドを耐え抜いた大仁田が、最後に通常の電流爆破の3倍の火薬を仕込んだ爆破バットをフルスイングし、この日一番の大爆発で納谷をKOした。

――会場で試合を拝見しましたけど、ものすごい熱気でしたよね。

３５０人で超満員の小さな会場かもしれないけど、あんなとこまで来てくれるんだからありがたいよ。結構年配の人もいたけど、俺たちの世代ってライブ感を大切にするんだ。それに電流爆破はインスタ映えするから、みんな写真撮ってただろ？　爆破甲子園は、令和の時代に昭和のテイストを見せる。だけど、今の時代にもマッチするんだよ、不思議なことに。俺は、クサイだ何だ思われてるかもしれないけど、熱いものを見せたいんだよ。電流爆破に自分からぶつかっていくなんて、バカな話だよ。でもさ、そのバカを真剣にやることに意味があるんだ。泥臭く一生懸命やるんだよ。いい齢こいてさ、そういうバカやってるやつもこの時代には必要なんじゃないかな。「そんなプロレスを見て、何かを感じ取って生きる力に変えてもらえる」のが俺の理想。還暦過ぎたオヤジがペットボトルの水を口から吹いたりしてさ。だけどあれって、ある種の感情の共有であって、魂の交換みたいなもんなんだよ。あ、客席にペットボトル投げるときは、水が少なくなってからしか投げないからね。ケガしない程度に水を減らしてから投げてる。俺、そういうとこ、結構細かい人間なんだよ、意外と（笑）。

――大仁田さんは、第1回爆破甲子園の優勝者に、1回戦で納谷選手を破り、決勝でチームの勝利に貢献した朱崇花選手を挙げました。

俺、あいつのこと男だって知らなかった。ガタイの良い女子レスラーだと思ってたんだ。それで「お前、男が好きなのか?」と訊いたら「はい」って言うから、びっくりしたよ。ところで、爆破甲子園がなぜ甲子園なのか、知ってる? とかくプロレスはアウトローみたいな扱いをされるけど、プロレスに対する純粋な思い一つでやっているやつもいるからね。その純粋さ、ひたむきさは、甲子園の高校球児と一緒かなって。それで「爆破甲子園」って名前が浮かんだんだ。だから「予選で負けたのも上げてやれよ」って言ったの。「じゃ、今までのは何だったんだ?」っていう声もあったけど(笑)。まあ、いいじゃない。

器用に振る舞うより存在感を残せ

――「自分で這い上がっていくしかないんじゃ! 大鵬の孫というのも何回も使えんぞ!」

と納谷選手を叱咤していました。

納谷選手、育ってほしいけどね。いや、いいものは持ってるんだよ。でも、あの2メートルの巨体を活かしきってないなと感じるよ。だから俺、「あいつは本当に心の底からプロレス好きなのか？」って率直に思った。この試合にかける背水の陣的な思いが伝わってこなかったんだ。

――彼は高校のときにすでに相撲部は辞めていて、キックボクシングのジムに入り、その後、リアルジャパンに入団して、初めてプロレスを知ったらしいです。「こんな世界があるんだ」って。

このままだともったいないな。確かに「大鵬の孫」って大きな看板だよ。大鵬さんって昭和の大横綱で、スーパースターだったんだから、その孫だっていうプレッシャーもあるだろうし、つらい部分もかなりあると思うよ。でもさ、つらかろうが何だろうが、自分で破っていかなきゃいけないわけだから。レスラーの息子が、藤波2世とか、橋本2世とかが出てきても、オヤジほどパッとしないじゃん。もうちょっとビシッと芯が入らないとなあ。俺が言うのも何だけど、「これだ」ってものがないんだよな。器用に小技をやろうとして、こぢんまりしてしまうのはもったいないよ。

――あの体の大きさが伝わってこない？

そうだよ。余計なことなんかしないで、剝き出しの荒々しいところだけ見せればいいんじゃないかな。アンドレ（ザ・ジャイアント）だって、最初にモンスター・ロシモフとして国際プロレスに来たとき、オドオドしてダメだっただろ。それが、なぜ開花できたかっていえば、自分の大きさをアピールできるようになったからなんだよ。だから納谷は、ヤシの実割りとかの技をやればいい。あれだけの体があるわけだから、もっと全身使ってさ。2メートルのやつなんてなかなかいないんだから、（ジ・）アンダーテイカーになればいいんだよ。ジョッキでコーヒー飲んだり、怪物っぽくしてヒールになればいいんだよ。新日本なんかもきれい、きれいで、外国人もヒールらしいヒールがいない。ブッチャー、アンドレとか、存在感で見せるレスラーが無に等しいんだから、そこを目指してほしいと俺は思うよ。髙山選手、曙選手が出ていない今、納谷選手にとってはチャンスだと思うけどな。

――カッコつけるんじゃないと。

人間って器用に振る舞おうとしてもダメなんだよね。俺も不器用だからわかるけど、器用に振る舞おうとしたってバレるんだ。俺は自分がやれることしかやらないよ。「いかんな」と思ってはいるけど、仕方ない。昨日の試合なんか、俺がリング上にいた時間なんか相当短かったよ。だけど、印象に残ることをボンッとやってくるわけ。それで、お客さんに向けて、ああ、大仁田、リングで暴れまわってたなっていう存在感を残していくんだ。アレコレやっちゃダメなんだよ。それってプロレスだけのことじゃないぜ。人生の中で、あれもこれもできるっていうやつなんか、信用しないほうがいいんだ。あれもこれもできるって、そんな才能を１人の人間に神様は与えてくれないよ。

――あれもこれも……そういえば、大仁田さんが全日本にいたころって、トペとかやっていませんでしたっけ？

ああ、やってたよ。それで会場の升席に突っ込んでさ、頭がーんって打ったよ。あのころは、俺だって何でもかんでもやろうとしていたんだ。それで失敗したり、ケガしたりして、「自分は、それをやるガラじゃないな」っていうのがわかってくるんだよ。試合を重ねながら、あれもやろうこれもやろうじゃなくて、「ここが俺なんだ」みたいなものを見つけていくものなんじゃないかな。「俺は、これなんだ」っていうものをさ。

麻薬的に電流爆破に頼っているわけじゃない

——第1回爆破甲子園で、爆破バットで吹き飛ばされた青木選手は、「爆破バットに爆薬を仕込むスタッフから伝わる緊張感に危険性を感じました。本当に無事でよかった。笑い事じゃなく、事故が隣り合わせなんだぞ」とSNSで発信していましたね。

だから、俺だって、アレで殴られるの、本当に嫌なんだよ。

——さらに青木選手は試合後、大仁田さんが「俺は邪道って呼ばれるけれど、しっかりとしたプロレスができるんだ」と話していたのを聞いて、「大事なことを改めて教えてもらった」と。つまり、電流爆破は爆破で盛り上がる側面が強いので、麻薬的に爆破に頼ってしまうのかと思っていたが、そこに至るまでのプロレスでも基本の動作をしっかりとやれることが強さと厚みを生んでいるのだと思ったそうです。

俺はこう見えて、全日本時代にプロレスの基本を徹底的に仕込まれているからね。でも青木選手はすごいね。総合格闘技のチャンピオンになったりしてるのにプロレスのリングに上がって、電流爆破までやるんだからさ。ＵＷＦの連中には、そういう発想のやわらかさはなかったよな。ＵＷＦができたのは衝撃的だったけど、やっぱり何年かあとには飽きられた。ＵＦＣなんかも今、飽きられないようにして頑張ってるけど、同じだと思うよ。でも電流爆破は30年やってるのに飽きられない。それこそ青木選手の言うように、ただ麻薬的に爆破に頼っているわけじゃないからなんだよ。あいつ、いいこと言うなあ。

そういえばこの前、山崎（一夫）選手と話したんだけど、「やっぱり、プロレスがバカにされるのが嫌だった」って言ってたんだよ。バカにされるのが嫌だったから、ユニバーサルからＵＷＦになって、Ｕインターができたんだって。だけど、あいつらは月1回くらいしか試合してないんだよ。「おまえ、年間何試合やってたの？」って聞いたら、「12試合くらいです」だって。こっちは日本全国飛び回って、２６０試合してるんだよ。どっちが強いのかとか弱いのかとか、そういう価値観じゃないところにいるんだ。プロレスはやっぱり、地方だろうと何だろうと巡業すべきだと俺は思う。「こんなところに、客が来るのかよ?」って思っても、青果市場の屋根の下とか、空き地さえあればどこでも、そこにリングを組んでやればいいんだ。そういうところがプロレスの良さだと思ってるからさ。だけど、人の価値観っていうのはわかんないからね。「UWFが強くて、FMWは弱い」って決めつけて、それがすべてだと思っちゃったりするんだよ。プロレスは「大衆文化」だってことを忘れてるんじゃないのかね。

——誰でも、いつでも楽しめるものですね。

俺は、大衆文化としてやっぱり、戦後の日本人が外国人レスラーをなぎ倒すことで、ある種、コンプレックスを昇華してくれてたって思うわけ。そういうプロレスの考え方っていうのは、やっぱり次の世代へ培《つちか》われていくべきだと思うよ。そのためにはどんな田舎でも、最北端の町から最南端の町までも、俺たちプロレスラーは試合をやりに行くんだよ。そういうところで客を呼ぶためにも、バラエティーに出たりして知名度を上げるのに奮闘したわけなんだからさ。

――ＵＷＦなどがダメになってしまったのは自己満足というか、「わかる人間だけわかればいい」みたいな感じだったからですか？

　そうだね。山崎選手が言ってたけど、アキレス腱固めなんて伝わりにくい技がいつの間にかブレイクした。それで「プロレスと違ってＵＷＦは真剣勝負」とか言ってたんだけど、毎回同じような試合展開をやってるから飽きられちゃったんだ。俺なんかＵＷＦ出現のときに、プロレスに対して疑問を持っていた人間、みんなに言ったもん。「俺らは、ロープに投げられたらロープに飛んでしまうという習性を持っているだろう。コーナーに投げられたらコーナーに行ってしまうという習性があって、それがあるからプロレスがあるんだ」と。つまり、プロレスは勝つか負けるかだけじゃなくて、見ている人にどんなものを伝えるかなんだ。怒りや喜びの感情だけでなく、生きていくための様々なメッセージ、泥臭いメッセージ。見ている人をいかに感情移入させるか。人間は様々な生き方をして、様々な仕事に就いて、結婚離婚を繰り返したりするやつもいる。落ち込んだり、もうダメだと思ったり、もがき苦しんだりしながらね。そんな、それぞれの人生を生きてる人たちに、プロレスから何かを感じ取って、かみ砕いて飲み込んで、明日を生きるための元気や活力、がんばろうっていう勇気にしてくれたらいいなと俺は思うんだ。

電流爆破は団体を越境していく

——一時期、抗争を繰り広げていた船木（誠勝）選手も、「大仁田さんとの闘いの中で、怒りや本当に色んな感情を引き出してもらって、いい状態で試合に臨《のぞ》めた」と話していました。

あいつとは爆破王のベルトを巡って、何度か電流爆破デスマッチをやったけど、1回しか爆破バットを受けなくてさ……まあ、いいか。プロレスの面白さは、やっぱり非日常なんだ。当たり前のことをリング上でやったって面白くないんだよ。勝ち負けを超越した生き様が垣間見えたり、ありえないことが起きるのがプロレスの面白さじゃん。例えば、本物志向の格闘プロレスのUWFがあって、その一方で、反則もあれば流血もあり、何でもありのFMWがあった。水と油、ぜったい交じり合わないと思われていた2つが、同じリングに上がって、相容《あいい》れない者同士がお互いの歴史や背負ってきたものを懸けて戦うから面白いんだよ。でも話してみるとさ、船木選手の考え方は俺と同じだったんだよね。前田（日明）のリングス、髙田（延彦）のＵインターと同じことをやっていたら勝てないから、パンクラスを作ったっていうやり方は。

――大仁田さんがＦＭＷを旗揚げしたとき、全日本の王道プロレスや新日本のストロングスタイルと同じことをやっても勝てないから、過激なデスマッチ、邪道路線にいったわけですからね。

そうだよ。リングの方向性は真逆だったけど、やろうとしていることはわかるんだよね。凶器、デスマッチ、ルチャ、女子プロレスと、何でもありのハチャメチャなＦＭＷ。プロレスのセオリーを一切なくして、総合格闘技化したパンクラス。お互い生き残るためにはそれしかなかったんだ。どこの世界でも型にはめようとするやつがいるけど、プロレスってもっと自由なものなんだよ。まあ、パンクラスはプロレスじゃないけどね。いつまでもＦＭＷだとかＵＷＦだとか、狭いところだけで語っていちゃダメなんだ。もはや時代が違うんだから。

——それはどういう意味なんでしょう？

まったく新しいものに挑戦していかないとダメだってことだよ。プロレスもこれからはＰＰＶ（ペイ・パー・ビュー）で稼いでいくんだからさ。新聞にも書いてあったけど、ＷＷＥの売り上げの中で、チケットを買って会場に入場してくれたお客さんの売り上げって、全体の12％くらいしかないんだよ。今年はさらに減って８％になるんだって。だからプロレスって、もうチケットを売って儲けるビジネスじゃなくなっているんだよ。ＦＭＷのころ、ビンス・マクマホンが俺に会いたいというから、会ってみたら、もうその当時でも試合の有料視聴者が２００万人くらいいたの。１人月10ドルで１ドル１００円で計算すると、それだけで毎月日本円で20億円入ってたんだぜ。日本初のＰＰＶだった大仁田VS長州で１億円稼げたんだから、これをアメリカとかでもやっていたとすれば、10億円はいってたよ。もはや国内の団体の違いとかを言ってる場合じゃなくてさ、相手は世界のお客なんだよ。

そういえば昔、ＦＭＷに感化されて誕生したっていうＥＣＷという団体がアメリカにあったんだ。サブゥーがＦＭＷの試合映像を一本持って行ったのがきっかけだったんだけど、その映像を見たプロモーターのポール・ヘイマンが、電流爆破デスマッチとかの俺の発想を「これはビジネスになる」と思って、アメリカ版のＦＭＷみたいなハードコアをやり始めたところ、全世界に広がっていったんだよ。このＥＣＷをうまく吸収して、さらに大きなビジネスにしたのがビンスなんだ。今やＷＷＥの売り上げは６億ドルを超えたっていうんだから、彼のビジネス感覚はすごいよ。でもそれって、俺が原点なんじゃない？　インターネットのない時代に、今でいう「インスタ映え」するプロレスを始めたんだからね。

アフリカ、アフガニスタンでプロレスを

――ＰＰＶで稼ぐということは、世界の視聴者を相手に稼ぐということですね。

そうだよ。ＷＷＥの世界進出の影響もあって、世界中でプロレスが見られるようになってるんだからね。見られているだけじゃなく、世界中で試合もやってるんだよ。アフリカもプロレスが熱いんだ。コンゴとかでもプロレスがある。コンゴは面白いよ。レスラーが自宅から出てくるところからドキュメンタリーで映像が始まってるんだ。コスチュームはなぜか黒魔術師っぽい格好でね。どうもここで戦うレスラーは、村の代表みたいな存在で、黒魔術の祈りを捧げたりして「相手を呪い殺す」みたいな儀式をしたりするんだよ。「こ

れは何かが起こる！」って期待させる雰囲気を思い切り出してる。きっとＷＷＥとかの真似も取り入れているんだろうけど、リングなんかは地面に木を突き刺して、それをコーナーポストにしてロープっぽいものを巻いてあるだけでね。しかも、マットがなくて直接地面の上とかでやってるのもあった。YouTubeで見られるから見てみるといいよ。ガラパゴス諸島とかでもプロレスがあって、そこでもレスラーが自分の家から出ていくところから試合が始まるんだ。これも面白いよ。

——そこはぜひ大仁田さんに、いや、グレート・ニタに行ってほしいですね。

俺、マジで行こうかなって思ってる。テレビの企画でやらないかな。絶対面白いと思うんだけどな。「世界のプロレス探訪」って感じでさ。俺、アフリカとかも行きたいね。ザンビアかなんか、ＨＩＶの感染者も少なくないっていうから怖いけどね。でも俺、もっと怖い、ルワンダ取材に行ってるから。あそこって昔、大虐殺があったじゃん。フツ族とツチ族の民族同士の殺し合い。あそこに行ったんだよ。戦場の子供たちを取材するみたいな趣旨で、どこの局だったかな。あの当時のルワンダは誰も行かなかったよ。現地に入ったら、みんな足止めを食らって、それで「おまえら、何のビザを持ってるんだ？」って聞かれたから、「ユニセフです」って言ったら、「そんなビザじゃダメだ！」って留置場に入れられたからね。その後、ＵＮＨＣＲ（国連難民高等弁務官事務所）の人が来てくれて、どうにか助かったけど。

――そういうことも含めて、現地の人たちとプロレスをしているのをＰＰＶで流してみるのも面白いですね。

絶対ありだよね！　俺、国会議員だったときに、アフガニスタンの首都カブールを訪問してプロレスをやったんだよ。２００1年の9・11テロが起きたときで、（ウサマ・）ビン・ラディンやタリバーンが暗躍して、アフガニスタンが混迷の度合を深めていた時期だった。だから、現地の子供たちを元気づけようと思って、対戦相手の雷神矢口選手と東スポの記者を連れてカブールに行ったんだ。

――あの当時のカブールなんて、テロが頻発してたときじゃないですか。勇気ある行動でしたけど、あのときも、「売名行為」だとか言われていましたよね。

言われたよなあ。でも、俺が何をやっても文句を言うやつはいるんだよね。だから「自分でこれはやるべきことだ」って思ったことがあったら、自分を信じてやっちゃえばいいって思ってるよ。あのときは現地にリングがなかったから、体操用のマットを使って、矢口選手と2人で3試合。試合ごとにコスチュームを変えて、いろんなパターンのプロレスを見せたら、子供たちがすごく喜んでくれた。改めてプロレスが持つパワーを感じたよね。だって、そのおかげで、カルザイ大統領（当時）とも会談できたんだからさ。アフガニスタンの窮状を日本で報告ができたわけだし、俺、政治家としても国際的に働いてたんだよ。

地方選挙で経験した「怪文書」と「脅迫文」

——今後はそんな感じで、日本のプロレスも世界を相手にしていくべきだというわけですね。

うん。でもね、最近ちょっと、考え方の方向性が変わってきたところもあるんだ。俺、7度目の引退をしたあと、おふくろの故郷である佐賀県神埼市の市長選出馬を打診されたの。いくらおふくろのふるさととは言っても、神埼市にはそれほど行ったこともなかったから、「なんで俺なのかな?」と思ってたんだけど、せっかく機会をいただいたので、改めて神埼市を訪れたわけ。そうしたら市の中心の駅前だっていうのに何にもないんだよ。地元の人に聞いたら「佐賀県の中で一番、市街地の整備が遅れているんです」だって。周りの町には多少なりとも中心地が整備されてはいたけど、ここは取り残されてたみたいでね。

神埼には農業とかはあるけど、他に主だった産業がないから、若者が外に出ていっちゃうんだ。過疎化も進んでいて、脊振《せふり》山にある脊振町の山奥なんて本当に何にもないんだけど、水がすごくきれいでね。都会にはない、土地が持ってるそういった資源を生かせば、いろいろな町おこしができるんじゃないかと思ったわけ。星もすごくきれいに見えて、『千と千尋の神隠し』に出てくるみたいな世界なんだよ。そんな地域の隠れた魅力に気づいて、２０１８年４月15日の選挙に出馬することになったんだよ。

佐賀県神埼市。佐賀県東部に位置する。２００６年3月、神埼町、千代田町、脊振町が合併して発足した。南北に細長い市域で、南は福岡県久留米市、北は福岡市に隣接している。米、イチゴなど農業も盛んで、アスパラガスは九州一の生産高を誇る。４００

年近い歴史を持つ「神埼そうめん」も有名。観光名所は吉野ケ里遺跡や国の名勝に指定された茶屋・九年庵など。主な出身者にタレント江頭２：50、陣内孝雄元法相ら。人口3万15０4人（令和2年1月現在）。

――当日投開票の現職市長との一騎打ちは、市長が9００2票、大仁田さん8０25票。977票差で敗れました。

国民民主党の原口（一博）さんからも「勝てますよ」って言われていたんだけど、惜しかったよね。自民党の古賀誠さんも「接戦だったね」って言ってくれて。ただ、俺も全力で取り組んでたから、落選が決まったときにはさすがに「これからどうするんだ……」ってしばらく落ち込んだよ。でも、ちょっと考えてみれば、確かに選挙には負けたんだけど、立候補の表明から本当に短期間だったのに、これだけ大勢の人たちが俺に票を入れてくれた。これはものすごい結果だったんだなって思うことにしたんだ。

神埼市長選挙については、終わったことだから話せるけど、やっぱり地方の選挙って怖いなって思ったんだ。俺が出馬するって表明して以降、俺に関する怪文書が市内でバラまかれたんだよ。内容は週刊誌に書かれたような借金や女性問題を挙げて、「こういうやつを市長にしてはいけません！」みたいなことがA4の紙1枚に書かれていた。市内にあるセブン-イレブンの店舗からのFAX送信と、なぜか東京の銀座の郵便局の消印で、よくわかんない偽名の「カンダマサオ」名義のものがあったんだ。警察も動いてくれたけど、誰がやったのかは結局わからずじまいだった。

――大仁田さんのお母さんの故郷と言っても、大仁田さん自身は外から来た人だから、地元の権力者からすると、何か邪魔な存在になるのでしょうか。

わからないなあ。支持してくれる人たちもいっぱいいたけど、そうじゃない人もいたってことだよね。ちょうど新庁舎建設の入札が、1社入札、1社落札で選挙前に急ぐように決まった時期だった。俺は莫大な税金のかかるその建設に断固見直しを掲げていたからね。俺に対して文句言ってくるとか、俺についての怪文書を流す程度ならまだマシだけどさ、後援会関係者の人のところに来た脅迫文とかは、さすがに許されるもんじゃなかったよ。もちろん匿名だったけど、「あなたのように素晴らしい方がなぜ大仁田厚を応援するのか。このまま後援会としての活動を続けるなら、何かあったとしても保証しない」みたいなことが書かれていた。これ、危ないよな。他にも選挙期間の初日の第一声に出ようとした早朝に、事務所の人が選挙カーを出そうとしたらいきなりパンクさせられていたってこともあったし。チラシを配布していたときに急に警察から連絡があって、「選挙チラシと一緒に現金を配ってないか」って聞いてくるんだよ。どうも俺を支持してくれる市民団体がチラシを投函した直後に、そのチラシに重ねるようにして2万円の現金が入った封筒が挟まっていたっていう通報があったって。俺は国会議員もやってたから、そういう選挙がらみの金がいかにヤバいかってことぐらい、一般の人よりずっと詳しく知ってるよ！

――地方選挙ならではの怖さですね。ちなみに投開票日は日曜日だったんですよね？

そう。出口調査では俺の優勢という予想が出ていたみたいで、当日もテレビカメラ9台、マスコミ各社が13社集まって、当選の現場を撮ろうとしていたの。でも、対立陣営は当日より前の段階から万歳していたんだって。来ていたメディアは地元のケーブルテレビ1社だけだったみたいだけど。なんせ向こうは自民党、公明党に加えて共産党からの支援も受けていたっていうんだから、普通だったらあり得ない相乗りの組み合わせだよね。共産党って、思想がまったく違うよね、本来。

そんな諸々があって、すっかり嫌な気分になってたんだけどさ、俺の人生っていつも「負けがスタート」だったなってことに立ち返ったの。新日本プロレスに１人で乗り込んだときも、きっかけはＦＭＷを追放されたからだったじゃん。人生、七転び八起きだなって。チャンピオンベルトを巻くのも当選するのもカタルシスは一時のものに過ぎなくて、やっぱり面白いのはそこまでのプロセスなんだよ。耐えて耐えて耐え抜いて、そこから何かをつかんでいくまでが面白いんだ。俺にとってはすべてがいい経験だった。市長選に出て落選したことは、国会議員だったときよりも地方のことを考えるきっかけにもなったわけだし、もちろん、これからの俺のプロレスにも生かしていける材料になったことは間違いないね。人生、転んだときはさ、地面に這いつくばりながら悔しくて握ったこぶしに、何かをつかむんだよ。次につながる何かをね。転んでもタダでは起きない、ってやつだよ。

俺は夢見るバカ野郎であり続けたい

生き方への評価って2つあると思うんだ。素晴らしいって言われるのが、まさに現在の今ここに対してなのか、それともあとになってのことなのか。ビートルズやローリング・ストーンズは今や世界的に認められているけど、ミック・ジャガーなんて最初はバカ野郎扱いだったわけじゃん。ビートルズだってそうだよ。最初は誰もロックなんか認めなかったんだから。髪の毛を長くした男たちが、うるせえ音出してやがるとかそんなもんだったんだろうよ。でもさ、時代って変わるんだよな。あとになってから発想や行動力が評価されるかもしれない。昔はさ、日本人が世界を巡業できるジャンルというと、プロレスだったんだよ。中学生だった俺がプロレスをやろうとしたのも、それしかアメリカに行く方法がなかったから。スポーツというジャンルの中で唯一世界に行けたんだ。今ではメジャーリーグに行き、ＮＢＡに行く時代になってるけど。

——馬場さんも、アメリカで活躍して、とんでもない額のファイトマネーを稼いでいましたからね。

でも俺は金とかじゃないんだよね。成功したっていうことのカタルシスを求めているわけでもない。夢を見て、それをデカくしていくプロセスが一番楽しいんだ。実際、これまでもそうやって夢を形にしてきたっていう流れもある。振り返ってみると、時期というかタイミングみたいなものがあるんだよ。何事にもこれは今が絶対すべきときなんだっていう周期は必ずある。今の俺って、ぜんぜん裕福でも何でもないけど、別に普通には暮らせてるじゃん。割と波風のない凪《なぎ》の状態なんだけど、こういうときは待つしかないんだ。焦りを抑えてでも待たなければいけない時間なんだよ、昔の人っていいこと言うなって思うよ。「果報は寝て待て」って。でも、寝ていちゃしょうがないっていうのもあって、俺は待ってる間も、爆破甲子園をやったりして暴れまくっているんだけどね。

――大仁田さん、還暦をとっくに過ぎているのに元気ですよね。

まあね。俺は人間ってもっとしぶとい生き物だって思ってるの。そのしぶとさを人生賭けて表現したいんだよ。60歳を過ぎた俺がまだ電流爆破をやりながら、いろんなことに挑戦する姿を見てもらえれば、「齢食ってもこんな生き方もできるんだな」って感じてもらえるじゃない。老後に不安を抱いている人っていっぱいいる。2000万円必要だとかって話も出てたけど、そんな金額ばっかり言われたら、もう絶望するしかないなんて人たちもいるわけよ。そういう人たちに、俺のしぶとさが何らかの勇気を与えることができれば、俺は本望よ。人生って成功するのはごく一部。失敗のほうが多いんだ。自分の人生を考えたときに、「今後どうなるんだろう」って心配しているだけじゃダメなんだよ。やっぱり自分でトライしなきゃ何も起こらない。前へ進もうよ、後ろ向きになるなよって。一歩でも前に進めば何かが変わるんだ。見果てぬ夢だって言われたって、前に進めば実現には近くなるわけだからさ。今年もまた電流爆破をやりながら、前へ前へとやっていくよ。人生なんてそんなもんだよ。

——では、今年も東スポは大仁田さんの動向から目が離せなくなるわけですね。

あっ、そうだ！　東スポのプロレス大賞、あと、技能賞を取れば、俺、全部の賞を取ったことになるんだよね。技能賞だけはまだもらってなかったんだ。でも、ボランティアレスラーは審査の対象外かな。でも、取っちゃダメってことはないよな、うん。東スポさんよ！　俺はな、プロレス大賞はいらない！　ただな、技能賞取ったら、それで史上初グランドスラムだ！　全部取ったやつは誰もいないんだから。馬場さん、猪木さんを俺が超える日は来る、みんな期待して待ってろよ！

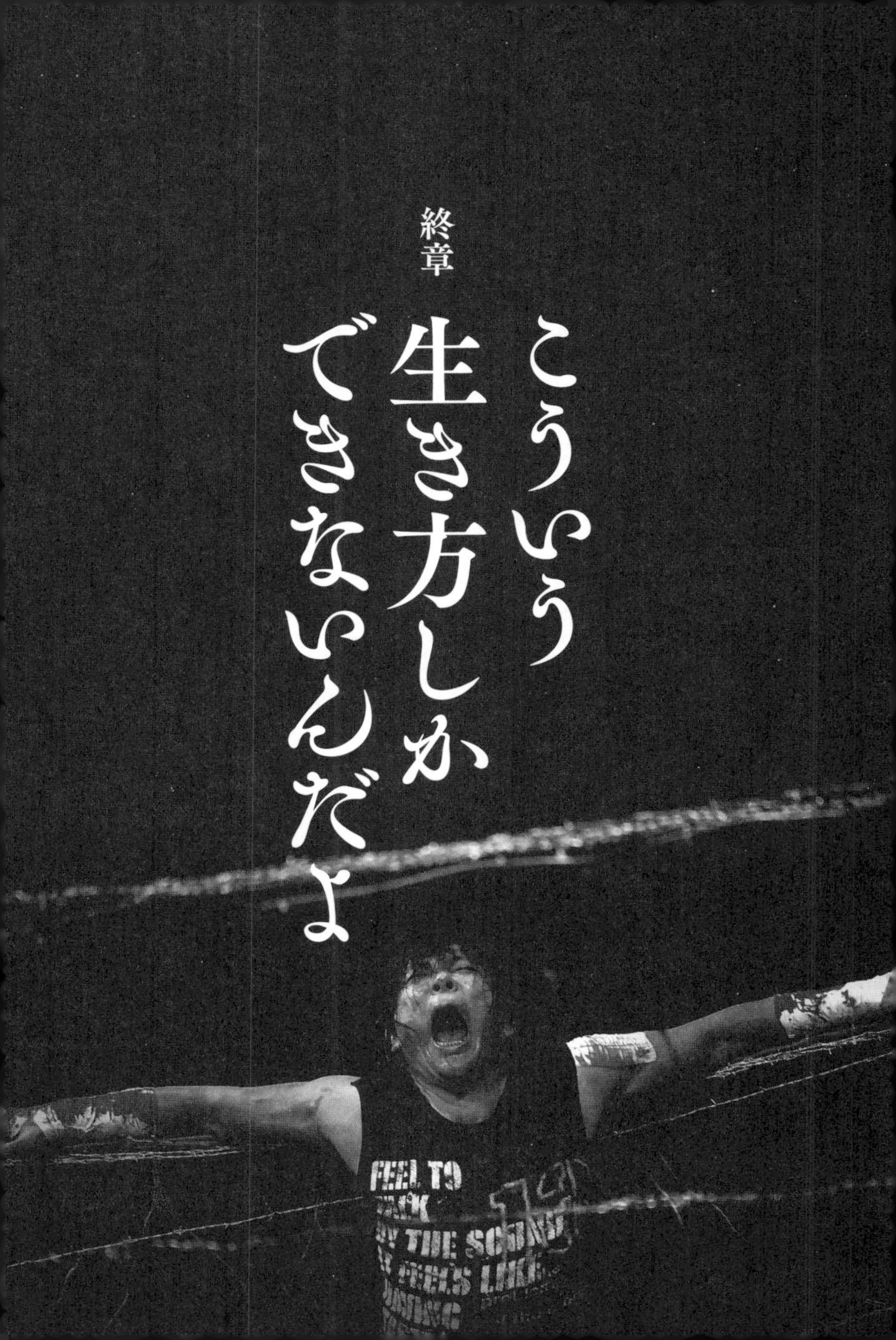

終章

こういう生き方しかできないんだよ

タッキーに託した「邪道の革ジャン」

——一部ではよく知られた話ですけれど、あのジャニーズ事務所の副社長になったタッキーこと滝沢秀明さんは、中学生ぐらいのころ、FMWの会場によく通っていたそうですね。

今の40代、50代の男たちにFMWの追っかけは多かったんだ。タレントの内山信二なんかもそうだったけど、タッキーもいつも来てくれてたよ。「毎回来ている少年がいる」ってスタッフの間で噂になっててね。俺もうれしかったから、控室に呼んであげてサインをしてあげたの。それから彼が芸能界にデビューしたあと、控室まで挨拶に来てくれたんだよ。そのとき「あれ、お前だったのか！」って俺も驚いたよ。それで俺はタッキーに「邪道の革ジャン」をあげたら、タッキー&翼のコンサートとかで邪道革ジャン着てくれたっていうんだよ。しかも電流爆破を使った演出もやってくれてさ。それに、何かのクイズ番組で、タッキーは「音を聞くだけで、電流爆破デスマッチが誰との試合かを当てられる」というマニアックな能力を見せてくれたみたいでね。爆破音だけで誰との何というデスマッチで、試合の年月日、会場まで全問正解してたっていうんだからさ。うれしい以上に驚いたなあ。

――滝沢さんは他の番組でも「芸能界とプロレスって似てると思う。表現者でもあり、勝負するっていう場面も同じだと思うんで。一人ひとりの色んなカラーもあって、芸能界ってリングの中で闘っていくみたいな」とも言っていました。

なるほどね。わかってるよな。タッキーって律儀なんだよ。だからジャニー喜多川さんからも好かれたんだと思う。たぶん、ジャニーさんって人間をとても繊細に、1ミリ単位で見ていたんじゃないかな。タッキーのそういうところを見逃さなかったんだろうね。だから事務所の重職に抜擢したんだと思うよ。タッキーって「自分が裏方に回ります」って言うことができる性格だからね。俺、ドラマも一緒に出たことがあるんだよ（『木曜の怪談ファイナル』1997年放映、フジテレビ系）。また機会があれば、あいつと一緒にプロレスのことをもっと喋りたいよね。この本、タッキーに送ってくれよ。頼んだぞ。

すべては世間に対するアンチテーゼ

――完成次第、早速。ところで大仁田さんは以前、「俺の最後の夢は、還暦で電流爆破マッチをやることだ」って言っていたんですよね。

言ってたよね。でも俺、62になっても電流爆破やってるんだからなあ。いつまでやるんだろうね。この調子だと、70歳の古希を迎えたときでも電流爆破やってるんじゃないか？「死んだときが本当の引退じゃあッ！」って言ってたりしてね（笑）。グレート小鹿さんも77歳で今もリングに上がってるんだから、それもありだよな。ある程度の年齢になったら、現役を辞めてきれいに退くのも一つの生き方かもしれないけど、俺はプロレスが好きなんだよ。俺みたいな存在がプロレスにとってマイナスになるかプラスになるかはわからないけど、俺にとっては人生のすべてが詰まった世界なんだ、離れられないよ。むしろ、新しい使命感も生まれてきてるから。

――それは何ですか？

ネットとかってすごく便利になったじゃん。ＰＰＶができるのもそのおかげだし、いい面もあるんだけど、何か人と人の生身のかかわり合いが希薄になってるっていうか、熱さを感じないんだよな。ＳＮＳとか、俺もTwitterをやってるけど、人間はさ、面と向かって語ったりぶつかったりするところから始まるんだよ。それが今って、個人で発信することはたやすくなったけど、肉感性がないっていうのかな。生の言葉で言いたいことが言えてるやつっていなくなっちゃってる気がするんだ。変にオシャレになっちゃってさ。そういう世間の流れに抵抗がないやつらにはわからないんだろうけど、俺がプロレスを通じて見せたいのは「世間に対するアンチテーゼ」なんだ。泥臭いと言われても、感情剝き出しのプロレスで、やりたいように自分の人生を生きている人間が持つ情念を伝えたい。ネットの世界、YouTubeの世界ばかりを見て、それをリアリティだと思っているようなやつらに生のリアリティ、心の底から叫びたくなるような「苦しみ」「怒り」「悲しみ」っていう振り切った感情を感じてもらいたい。遠慮なく生きてやるっていう、元気が出てくるようなメッセージを発したいね。自分に枠を決めて窮屈になってるんじゃないかって人は結構いる。人生１回きりなんだから、やりたいことをやればいいんだよ。

――大仁田さんは試合が終わると毎回、「前に進むしかないんだよ！　自分に正直に生きなかったら、人生、ナンボのモンじゃあッ！　邪道と言われようとも、俺は自分の人生、真っ直ぐ生きたいだけなんじゃあッ！　お前らが認めようと認めまいと、構わん！　俺の人生じゃ。電流爆破じゃあーッ！」って叫んでましたもんね。

そうだね。62歳になっても俺は落ち着くことなく、まだ、そんな熱さを持っていられる。そういう自分自身が面白いよ。

――現役として小鹿さんの年齢を超えるつもりですか？

わからない。でもさ、プロレスラーで居続ける、邪道・大仁田厚で居続けるのって、これはこれで結構大変なんだよ。先月、半袖のシャツ一枚で飛行機の中にいたら寒くなってきたの。でも隣の奴がプロレスファンで、俺の腕の縫った傷とか見て、「生の大仁田さんに感動しました！　有刺鉄線でこんなになっちゃったんですね」とか言うからさ、上着着られなくなっちゃって、寒いのに毛布もかけないで我慢してたんだぜ（笑）。

――いろいろと大変ですね。2019年12月には、がんと闘病中の保坂秀樹選手を支援するための大会に大仁田さんも出場し、「絶対にこのリングに保坂が帰ってくることを信じてます！」とエールを送っていましたよね。

レスラー仲間38選手が出場して、来場者からは〝見舞金〟として2000円をいただいたんだ。試合とチャリティーオークションの全額があいつの治療費として渡されることになった。この興行が画期的だったのは、レスラーはノーギャラだけじゃなく、出場料として1人3000円払わないとリングに上がれなかったの。俺も払ったよ。ボランティアレスラーが無料どころか、金を払ってリングで試合したんだからさ。素人がリングに上げてもらうのと一緒だよ（笑）。でも、保坂には早く元気になってもらいたいよね。

「これしかできない」を最大限にやれ

――お金の話のついでに、公認会計士でもある久禮義継さんが、「大仁田厚に学べ！　中小企業が見習うべき『弱者の』戦略とは？」という記事を出されているのを見たんですが、大仁田さん、どう思いましたか？

いや、俺なんかに学ばないほうがいい（笑）。出川哲郎とかに学んだほうがよっぽどいいよ。俺のことは見習うな、出川を見習え！　出川ってさ、出てきた当初はみんな、「汚れ役」「いじられキャラ」で終わると思ってたんじゃない？　でも、彼はそれを一生懸命継続していくことで、今や好感度ランキング上位に入るタレントになっちゃった。ひとつのキャラを徹底して追求していく姿勢を見習ったほうがいいよ。あれはいい手本になるな。

――その記事によれば、要するに全日本、新日本みたいな大企業ではなくて、中小・零細企業は「これしかない」っていう部分、「真の意味での区別化」を大仁田厚に学べ、と。有刺鉄線電流爆破とかのアイデア勝負を見習って、「会社の独自カラーを出して経営していくんだ」みたいなことが書かれていました。

ずいぶんと過大評価してくれてるね。俺はただ、ＦＭＷを潰したくないという思いだけでやってきただけだよ。99％ダメでも１％の可能性があるなら、ＦＭＷ存続のために何でもやってやると思っただけだよ。

――確かにＦＭＷには、他のプロレス団体では見られない、そういう突き抜け感がありましたもんね。

あのころ「才能って何だろうな」っていつも考えてたんだよ。俺は体も大きくない。馬場さんのような16文もないし、ジャンボ鶴田さんみたいなスープレックスもできなくて、タイガーマスクのように華麗に飛ぶこともできなかった。じゃあどうするんだ？　自分の持っている「これしかできない」を最大限にやるしかないんだよ。それが電流爆破。有刺鉄線に引っ掛かって血を流して、ＵＷＦの関節技よりリアリティのある痛みを伝えるしかなかったんだ。それ以外できないんだから。

――中小企業が放つべき「3本の矢」のキーワードとして「柔軟な発想力・天邪鬼な視点」「破壊的進化・思い込みの排除」、「常軌の逸脱・ダントツの行動力」を挙げていましたが、まさに大仁田さんの思考と合致しますね。

すごいね、その人。そんなふうに自分のことを分析したことはなかったけど、俺がやってきたことの意味がよくわかってくれてるんだ。

俺の中の野望と可能性は無限大だ

――それにしても、大仁田さんが不思議なのは、マスコミで散々叩かれても、そのあと、叩いたマスコミと普通に接しているじゃないですか。気にならないんですか？

恨んでもしょうがないからね。俺たちの世界は悪口言われてナンボ、悪口は存在感みたいなもんなんだからさ。でもまあ、酷かったよなあ。だいたいが女絡みか金絡み。大学に入ったら今度はカンニング事件ときたよ。冗談じゃないよ（笑）。ここまで書かれるんだったら、徹底して悪役になってやるって、開き直ってたんだ。だから俺と初めて会った人からはよくこう言われるよ、「意外にいい人なんですね」って。

今ね、「成功って何なのか？」って思うことがあるんだ。お金を持つことが成功なのか、地位を高めて歴史に名を残すことが成功なのかって考えるんだよ。ＳＮＳが流行って、それで儲けた人間とか、実業家で成功した人間とかが目立っているけど、俺はそういう課金とかの発想はできないもん。できないものを追い掛けてもしょうがないし、無理やりやってもしょうがない。だったら、いくらバカげたことだと言われても、自分だけの生き方を見せていくしかないじゃん。俺は記憶に残る人間になりたいんだ。

――もう、ずいぶんと人々の記憶に残ってるんじゃないですかね。

あんまり忘れられるタイプじゃないかもね。でも、もっと若い人たちにもアピールしていかないとって思ってる。若い選手とかは馬場さんのことだって知らないんじゃない？　馬場さんから教わったことを伝えていくっていう義務も、俺にはあるのかなって思うよ。

――特許庁に商標登録を申請していた「電流爆破」が２０１９年12月に受理されたんですよね。

そう！　やっとね。これまで権利とか気にしてこなかったけど、電流爆破を考えてから30年経つ記念だね。それにやっぱり電流爆破には俺の想いが詰まってるから。大切にしたい、大切に扱ってほしいと思ったんだ。ほら、プロレス界って、筋を通さず好き勝手やるやつもいるからさ（笑）。この商標登録は金儲けじゃなくて、自分の歴史の一部に対する証っていうかね。

でもさ、電流爆破も30年だよ。こんなに続いていくなんて、始めたころは思ってもみなかったよ。ただただ必死にやってきただけなんだから。先のことなんてわからないよ。わかんないから人生って面白いんだ。実際に行動するからこそ、俺の周りには面白いことが起きてくる。全日本に入門した10代のころから俺は海外を渡り歩いて、リングの内外で清濁両方の経験を積んできた。国会議員にもなって、いろんな世界を見させてもらったよ。たぶん、他の人にはない発想力もあると思うんだ。デカいこと考えるのって楽しいよ。人っていうのは、自分が本心でやりたいことを見つけられないと、生きていても面白くないじゃん？　やりたいことをするために頑張ることの楽しさやうれしさ、そして、目標に達したときの幸せや達成感みたいなものを感じられる人生のほうが絶対面白いよ。無難にちょうどよく生きてたって、俺はそんなの息苦しくってたまんないよ。俺の人生の最終ゴールに何があるかはわからないけど、この齢になってもまだまだいろんな可能性があると思ってるんだ。俺には尽き果てぬくらいの野望がある。何があってもめげない。無茶だろうが、バカだとかウソつき呼ばわりされようが関係ねえよ。やりたいことを諦めた時点で俺の人生はストップするって思ってるから。まだまだ世の中を引っかき回してやるさ。

大仁田厚

（おおにた・あつし）

1957年10月25日生まれ。長崎市出身。プロレスラー、元参議院議員。73年9月にジャイアン
ト馬場率いる全日本プロレスに新弟子第1号として入門。74年4月、後楽園ホールでの佐藤
昭雄戦でデビュー。渕正信、薗田一治（ハル薗田）と共に「若手三羽烏」と呼ばれる。81年に
欧州および南米を中心に海外修行。82年3月にチャボ・ゲレロを破りNWAインターナショナ
ル・ジュニアヘビー級王座を奪取。凱旋帰国後、ジュニア戦線のトップとして活躍。83年4月
のヘクター・ゲレロ戦で左膝蓋骨の粉砕骨折により戦線離脱。再起不能状態からの復帰
後、84年12月に引退をかけてマイティ井上の持つインターナショナル・ジュニアヘビー級王
座に挑戦するが敗退。翌85年1月、後楽園ホールにて引退。その後、タレント活動などを経
て、ジャパン女子プロレスのコーチに就任。88年12月のグラン浜田戦で現役復帰。89年10
月に新団体FMWを旗揚げし、90年8月にターザン後藤を相手に東京・汐留の特設会場で
ーロープ有刺鉄線電流爆破デスマッチを開催（同年のプロレス大賞年間最高試合賞を受
賞）。93年2月の九州巡業中に倒れ危篤状態に陥るが、同年5月、テリー・ファンクを相手に
電流爆破マッチで復活。94年11月にはデスマッチによる全身の縫合が1000針を超
「1000針突破記念パーティ」を開く。94年12月、別人格としてグレート・ニタがデビュー。95
年5月、ハヤブサ戦にて2度目の引退。96年12月には大仁田、ミスター・ポーゴ、田中将斗、
田哲広組VSテリー・ファンク、大矢剛功、ザ・ヘッドハンターズ組で2度目の復帰。98年11月
の試合を最後にFMWを追放、99年1月から新日本プロレスへ参戦。引退していた長州力を
2000年7月に有刺鉄線電流爆破マッチに引っ張り出した「大仁田劇場」が人気を博す
2001年に明治大学政治経済学部経済学科入学。同年、第19回参議院議員選挙比例区に
出馬し46万票を獲得して当選（文部科学委員会理事、災害対策委員会理事を歴任）
2005年3月、明治大学の卒業式後、「プロレス卒業試合」として雷神矢口と組んで天龍源一
郎、越中詩郎組とのノーロープ有刺鉄線ストリートファイトトルネード・バリケードマット・ダブ
ルヘル・フライパンデスマッチで3回目の引退をするが、06年4月のZERO1「靖国神社奉納
プロレス大会」にて1日限りの復帰として3回目の復帰と4回目の引退。07年2月の二瓶一将
の二瓶組旗揚げ大会で二瓶、戸井克成、佐野直と組んで矢口壹琅、中牧昭二、死神、
大仁田組とのタッグマッチで4回目の復帰。09年12月、長崎知事選出馬を控え、5回目の引
退表明。10年5月の新FMWの大会でターザン後藤と組んでザ・グレート・パンク、初代ザ・
ューター組と引退試合として対戦し5回目の復帰兼6回目の引退。同年11月の聴覚障碍者
プロレス団体・闘聾門JAPANにてマグナムTAKASAGO、戸井克成と組んで矢口壹琅、
ァントム船越、JOM太郎組と対戦し6回目の復帰。16年8月、「爆破エンターテイメント　ファ
イヤープロレス」を旗揚げ。17年8月にアメリカで初の電流爆破デスマッチを開催。同年10
月にKAI、鷹木信悟と組み、ケンドー・カシン、藤田和之、NOSAWA論外組との対戦で7回
目の引退。18年4月に佐賀県神埼市長選挙に出馬するも惜敗。同年9月にはファイトマネー
をもらわない「ボランティアレスラー」として現役復帰。19年7月、デビュー45周年記念大会
開催。181センチ、95キロ。入場テーマ曲は『Wild Thing』。

人生に必要なことは、電流爆破が教えてくれた

第1刷　2020年3月31日

著者　大仁田厚
発行者　平野健一
発行所　株式会社徳間書店
〒141-8202
東京都品川区上大崎3-1-1
目黒セントラルスクエア
TEL.049-293-5521［販売］
TEL.03-5403-4350［編集］
振替　00140-0-44392
製本・印刷　大日本印刷株式会社

ISBN978-4-19-864997-5

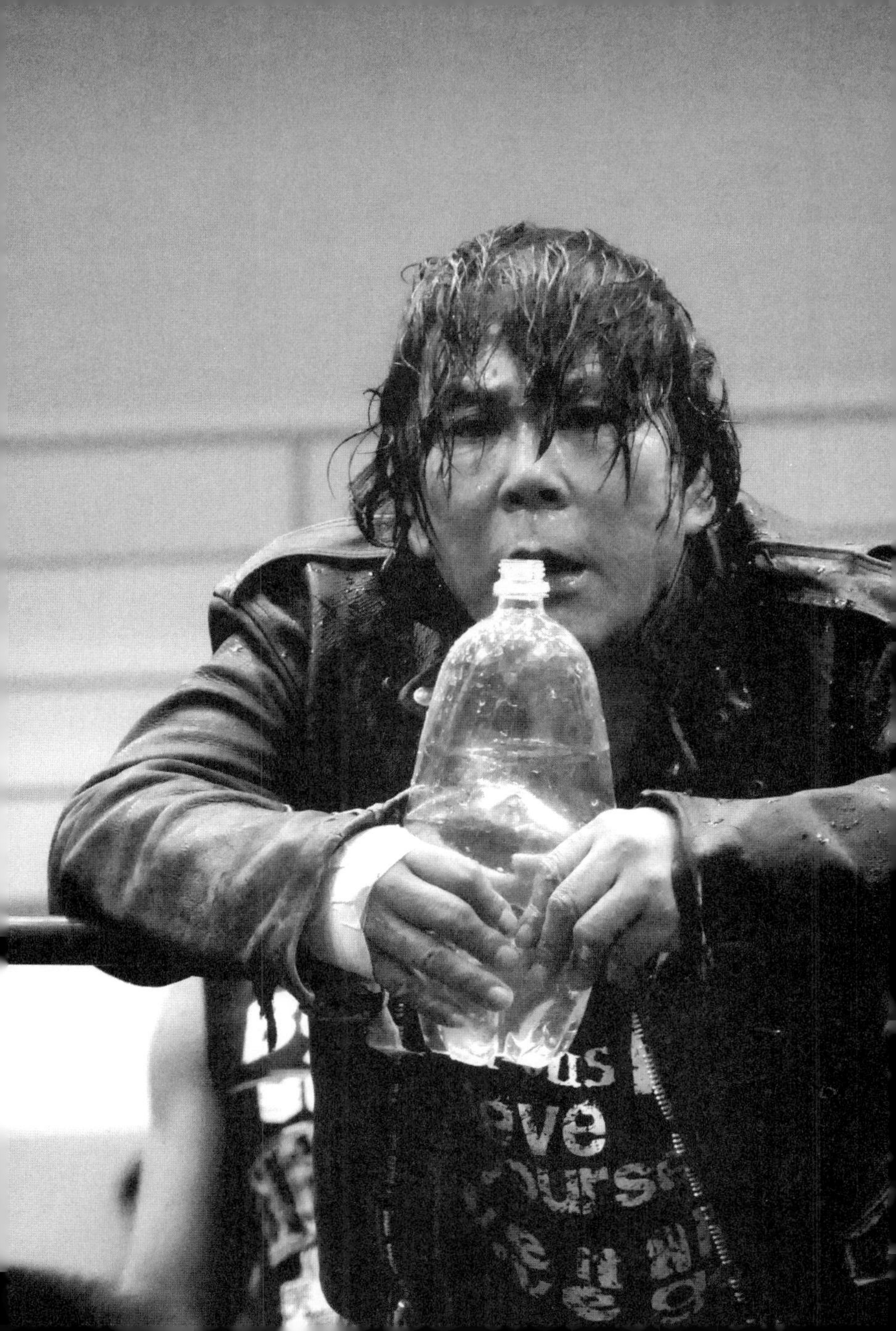

徳間書店のプロレス本

好評既刊！

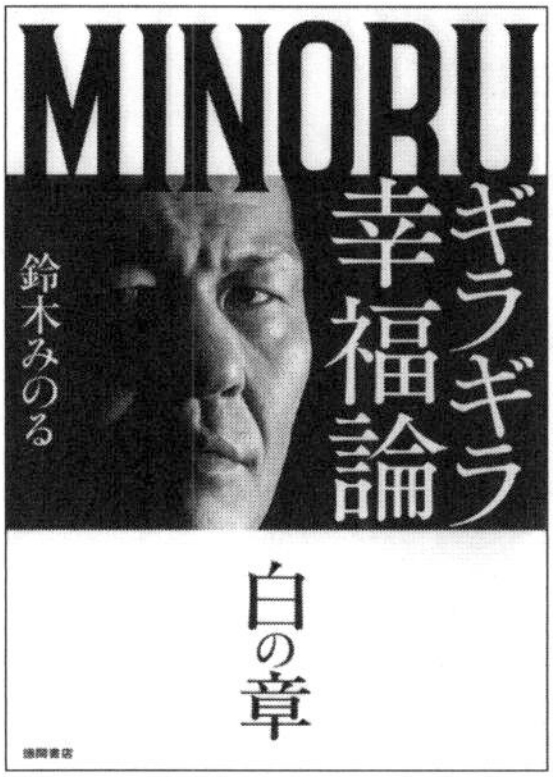

ギラギラ幸福論 白の章

ギラギラ幸福論 黒の章

鈴木みのる 著

お近くの書店にてご注文ください。